日本標準ブックレット No.25

みんなで「いい学校」をつくろうよ。
―学校・家庭・地域で子どもを伸ばす 学校の「当たり前」―

浅井正秀

はじめに……2
第一章 「いい学校」とは……4
第二章 「いい学校」をつくる学校経営方針……13
第三章 教師の学習指導力を高める……24
第四章 教師の生活指導力を高める……54
第五章 保護者から信頼される学校とは……65
第六章 地域から信頼される学校とは……73
おわりに……77

表紙写真撮影 菊池聡

はじめに

わたしは一五年間で、東京都の三つの公立小学校の校長を務めてきました。どの学校に赴任しても、わたしがめざしたのは、**「すべての子どもたちが楽しく過ごせる学校」**です。それが「**いい学校**」のための必要条件だと思います。そして、わたしの考える、**学校の「当たり前」**です。

「すべての子どもたちが楽しく過ごせる学校」をつくるためには、子どもたちのためにがんばろうという教職員の一致団結した熱い思いが大切です。そして保護者が学校を信頼し、学校と共に子どもを育てていこうという気持ちをもつこと、さらに地域の方が「わたしたちの学校」という誇りをもち、親しみを感じることも大切です。そのために、教職員のみならず、保護者、地域の方の学校への理解を深め、みんなが子どものために力を合わせる気持ちをもつためにはどうしたらよいかを考えながら、わたしは学校づくりに取り組んできました。

不易と流行という言葉を聞いたことがあると思います。不易とは、いつまでも変化しない本質的なもので、流行とは、新しく変化を重ねているものと言われています。それでは学校教育における不易と流行とを、どのように考えたらいいでしょうか。

二〇二〇年春から新型コロナウイルス感染症が猛威を振るい、それまでは当然のようにおこなわれていた学校教育の姿が大きく変化しています。

学芸会、音楽会、運動会、学習発表会などで、保護者や地域の方に子どもたちの活躍を見てもらい、学校への信頼を高めてもらっていたことが、コロナ禍では密になるため参観を取りやめたり、中止にしたりする事態になりました。授業の様子を参観してもらい、家庭教育の参考にしてもらっていた学校公開も中止になっています。二〇二〇年度に入学した一年生の保護者が、「小学校に入学して授業参観を楽しみにしていたのに、一度も見られなかった」と悲しそうに話す姿が頭から離れません。このように学校の日常が大きく変化しました。これはつらく苦しい流行です。GIGAスクール構想が前倒しになり、二〇二一年度に一人一台端末が配付、活用されていることや外国語や道徳の教科化も、新しい学びという点で流行と言えるでしょう。

それでは、学校教育における不易とはなんでしょうか。それは「**学校教育は子どもたちのためのもの**」ということです。学校教育の主役は子どもたちです。これはだれもが納得する答えでしょう。子どもたちの学力を高め、正しい判断ができるようにして、困難にも立ち向かえる心と体を育てる場所、それが学校です。さらに、学校は保護者や地域から信頼される、安全な場所であることも大事です。不易と別の言い方をするなら、これらも学校の「当たり前」です。

流行の激しい現代社会にあって、日々、学校は難しい判断を迫られることが少なくありません。「子どもたちのために」という不易を忘れずに、保護者や地域の方に納得してもらえるような、子どもたちの成長につながる学校教育のあり方を、わたしの体験をふまえながら一緒に考えていきましょう。

第一章 「いい学校」とは

保護者同士の会話の中で、「あの学校は、『いい学校』ですね」という言葉が聞かれることがあります。また、教職員からも、「『いい学校』に異動したい」という声を聞くことがあります。地域の方が「地元の小学校は、『いい学校』なんですよ」と言ってくれることもあります。

もちろん、「子どもにとって『いい学校』であることが一番大切ですが、子どもたちは自分の通う学校が「いい学校」かどうかは、あまり意識しないものです。今通っている学校が世界のすべてのような感覚です。しかし、子どもたちにとって「いい学校」かどうかは、子どもたちが楽しく通えているかどうかで判断することはできます。また、学校教育アンケートや子どもたちの声からも、学校が楽しい場所であるかどうかの判断はできます。

子どもたちが、「学校は楽しいところ」と感じるのは、どんなときでしょうか。学校生活の大部分を占める授業の中で、「わからなかったことが、わかるようになった」「できなかったことが、できるようになった」ときであることが、子どもたちとの会話やアンケートから読み取れます。

また、教師とのかかわりの中で、「先生にほめられた」「わたしのことをわかってくれている」

「みんなを公平に注意して悪いことを正してくれるから、落ち着いた、居心地のいいクラスになっている」のような言葉も聞かれます。これらも「いい学校」の条件です。

子どもたちにとって「いい学校」とは

わたしは公立小学校で一五年間校長職を続けてきて、子どもたちが楽しく通える学校にするために、どのような手立てが有効かを考えてきました。それにはなんと言っても、先生方の力がなくてはならない要素です。

先生方は、だれしも子どもにとって楽しく、わかりやすい授業をしたいと思っています。そして、どの子も、楽しく居心地のよい学級で学校生活を送りたいと思っています。しかし、現実には学級が荒れてしまったり、子どもたちがつまらなそうに授業を受けていたりすることがあります。

子どもたちに「学校は楽しいところ」と感じてもらうためには、「学校に通うと、こんなにいいことがある」ということに気づかせることが大切です。そうすれば学校に通う意味がわかりますし、学校に誇りがもてます。それには先生方の力で、子どもたちに学校は楽しいところと感じてもらうようにしなければなりません。

「今日の勉強で、こんなことができるようになったね。すごいね」

学習でできるようになったこと、わかるようになったことを子どもたちと確認します。

「とび箱の授業では、はじめはとべなかったのに、最後は四段もとべるようになったね」

運動でも、練習してできるようになったことを確認します。

また、いろいろな場面で子どものいいところを評価します。

勉強や運動でほめられる機会が少ない子どもには、「掃除当番や給食当番でのまじめな活動」「友達にやさしいなどの温かい心」「係活動、クラブ活動、委員会活動などでがんばっている姿」など、あらゆる機会をとらえて、いいところをほめるようにします。子どもは先生にほめられることで、学校が楽しいという気持ちになります。

さらに、いい友達関係を築けるようにします。

子どもにとって友達関係は、学校生活の中で大きなウエイトを占めています。いい友達がいれば、学校生活は楽しいものになります。どのような友達関係を築けているか、教師はしっかり子どもを見ることが大事です。仲良くしているように見えて実際は片方が嫌な思いをしているようでは、友達関係とは言えません。つねにどこに着目すれば子どもたちのことを理解できるかを考えていきます。

保護者にとって「いい学校」とは

わたしがある学校でおこなった保護者への学校教育アンケートでは、9ページのような意見が多く見られました。これらをもとに、保護者にとって「いい学校」とはどういう学校かを考えて

子どもたちの声

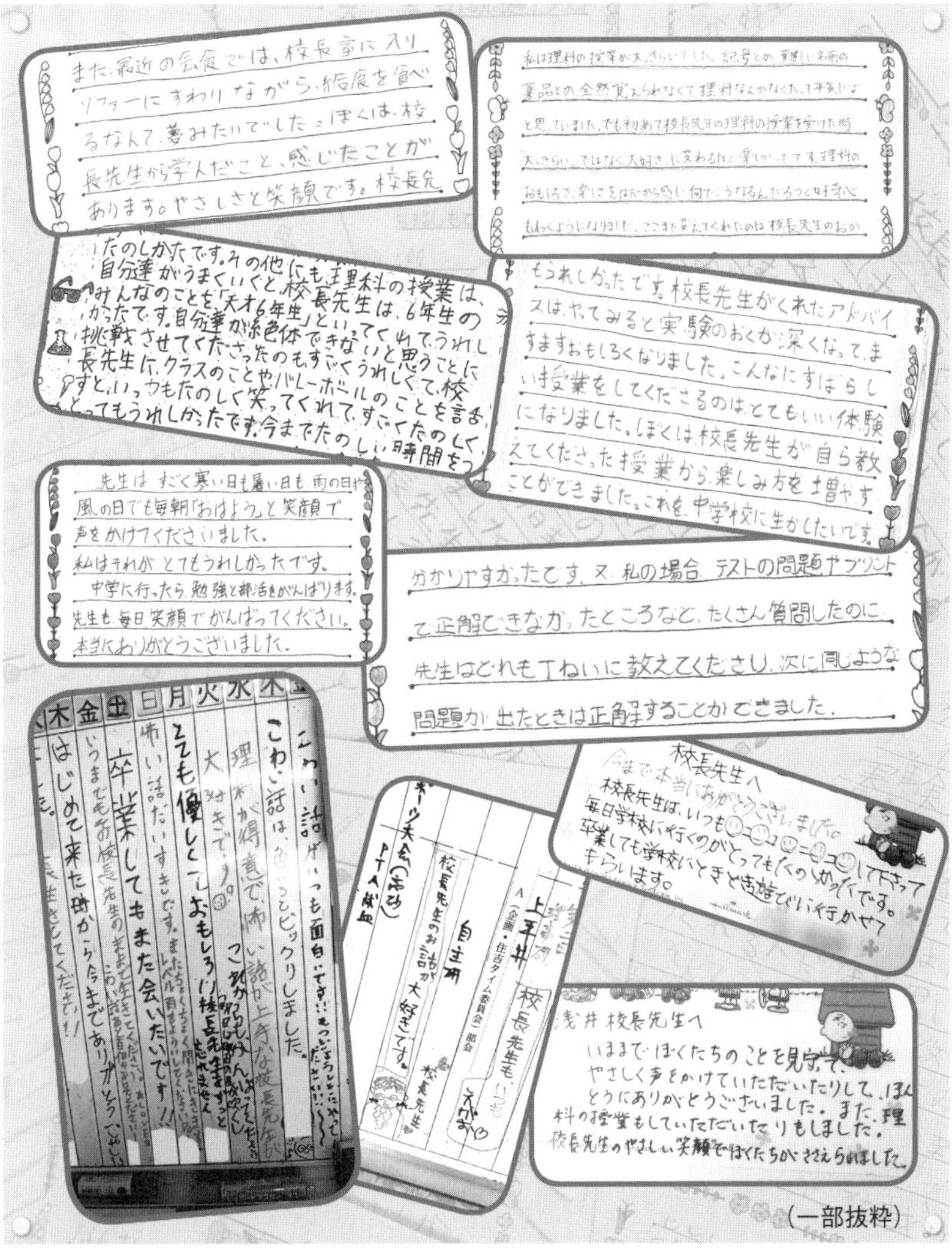

(一部抜粋)

「会食」とは小学校での思い出のひとつとして校長室に6年生をグループごとに招いて一緒に給食を食べること。一人ひとりの子どもを知るいい機会になる。

みましょう。
左ページを見てくださいこのように保護者が担任や学校をほめてくださると、子どもはうれしい気持ちになります。それは、子どもにとっての「いい学校」につながります。

子どもたちが安全に過ごせる学校は、保護者が学校を信頼するための基本です。いじめがなく、あるいはいじめがあったとしても学校全体で解決に向けて力を尽くせば、保護者は安心して通わせることができます。

また、一人ひとりの学力を高めると、保護者は学校を信頼します。

子どもたちや学校の様子がよくわかる開かれた学校も、保護者の安心と信頼につながります。保護者や地域の方からの相談への真摯な対応も、学校や担任に対する信頼へ結びつきます。

【わたしの体験】

わたしの勤めていた区では、学校教育アンケートは区内すべての学校で、同じ質問内容で年一回おこないます。保護者からのコメントの中には厳しい意見もあり、先生方が「心が折れる」と言うこともあります。厳しい意見は叱咤激励や学校改善のヒントととらえることもできますが、先生方のモチベーションが下がってしまっては逆効果です。

ある年、わたしはアンケートをおこなう前に一計を案じ、先生方に、

「一週間後に学校教育アンケートをおこないます。そこで、学校が楽しいと子どもたちが保護

学校教育アンケート：保護者の声

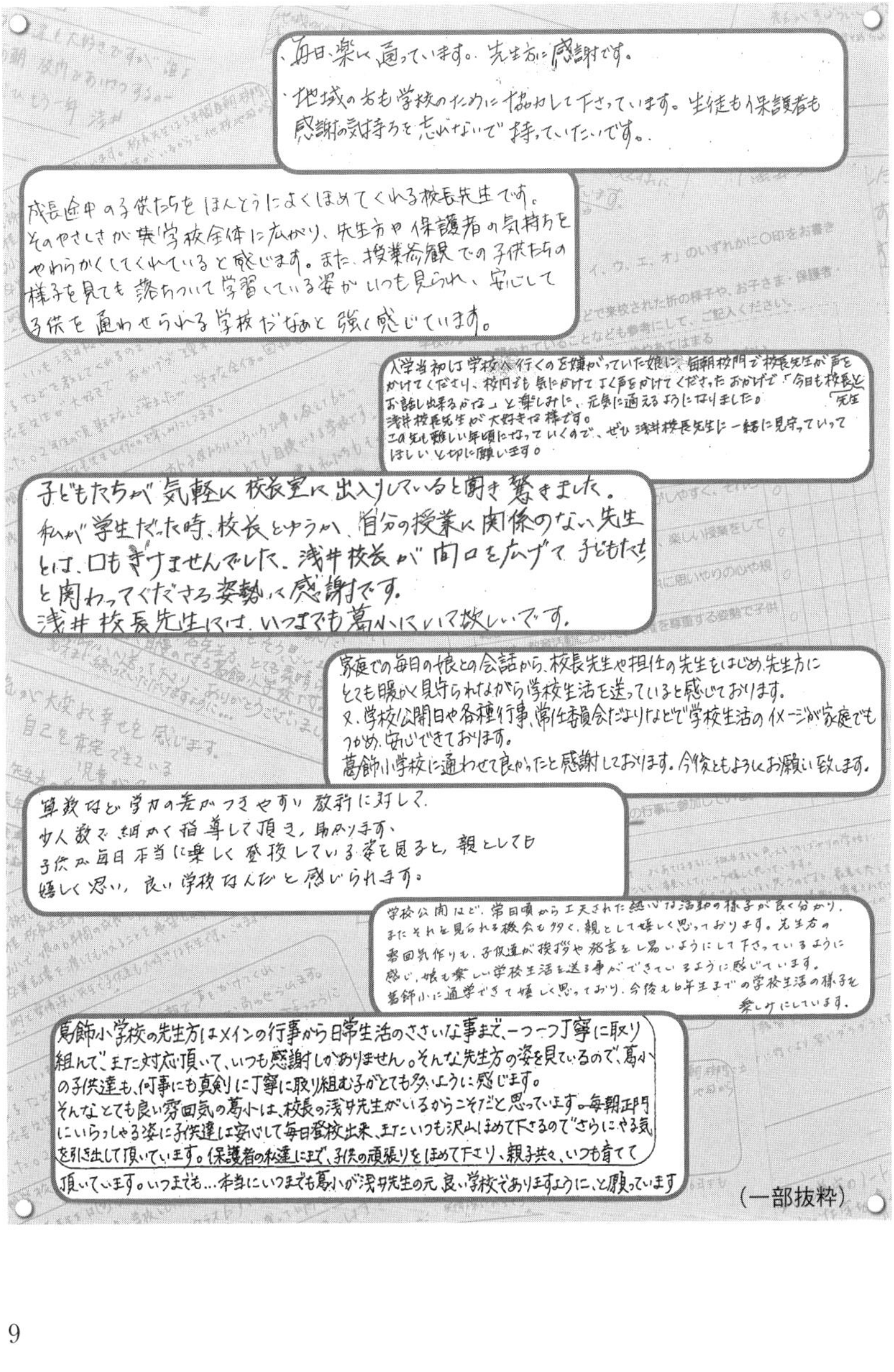

・毎日楽しく通っています。先生方に感謝です。
・地域の方も学校のために協力して下さっています。生徒も保護者も感謝の気持ちを忘れないで持っていたいです。

成長途中の子供たちをほんとうによくほめてくれる校長先生です。そのやさしさが学校全体に広がり、先生方や保護者の気持ちをやわらかくしてくれていると感じます。また、授業参観での子供たちの様子を見ても落ちついて学習している姿がいつも見られ、安心して子供を通わせられる学校だなあと強く感じています。

入学当初は学校へ行くのを嫌がっていた娘に、毎朝校門で校長先生が声をかけてくださり、校内でも気にかけてよく声をかけてくださったおかげで「今日も校長先生とお話し出来るかな」と楽しみに、元気に通えるようになりました。浅井校長先生が大好きな様です。この先も難しい年頃になっていくので、ぜひ浅井校長先生に一緒に見守っていってほしいと切に願います。

子どもたちが気軽に校長室に出入りしていると聞き驚きました。私が学生だった時、校長というか、自分の授業に関係のない先生とは、口もきけませんでした。浅井校長が間口を広げて子どもたちと関わってくださる姿勢に感謝です。
浅井校長先生には、いつまでも葛小にいて欲しいです。

家庭での毎日の娘との会話から、校長先生や担任の先生をはじめ先生方にとても暖かく見守られながら学校生活を送っていると感じております。
又、学校公開日や各種行事、常任委員会だよりなどで学校生活のイメージが家庭でもつかめ、安心できております。
葛飾小学校に通わせて良かったと感謝しております。今後ともよろしくお願い致します。

算数など学力の差がつきやすい教科に対して少人数で細かく指導して頂き、助かります。子供が毎日本当に楽しく登校している姿を見ると、親としても嬉しく思い、良い学校なんだと感じられます。

学校公開など、常日頃から工夫された熱心な活動の様子が良く分かり、またそれを見られる機会も多く、親として嬉しく思っております。先生方の雰囲気作りも、子供達が挨拶や発言をし易いようにして下さっているように感じ、娘も楽しい学校生活を送る事ができているように感じています。葛飾小に通学できて嬉しく思っており、今後も6年生までの学校生活の様子を楽しみにしています。

葛飾小学校の先生方はメインの行事から日常生活のささいな事まで、一つ一つ丁寧に取り組んで、また対応頂いて、いつも感謝しかありません。そんな先生方の姿を見ているので、葛小の子供達も、何事にも真剣に丁寧に取り組む子がとても多いように感じます。そんなとても良い雰囲気の葛小は、校長の浅井先生がいるからこそだと思っています。毎朝正門にいらっしゃる姿に子供達は安心して毎日登校出来、またいつも沢山ほめて下さるので、さらにやる気を引き出して頂いています。保護者の私達にまで、子供の頑張りをほめて下さり、親子共々、いつも育てて頂いています。いつまでも…本当にいつまでも葛小が浅井先生の元、良い学校でありますように、と願っています

（一部抜粋）

者に話すために、子どもたちのいいところをほめて楽しい気持ちで家庭に帰すようにしてください。帰りの会などで、今日は学校が楽しかったか質問するのもいいですね。そのとき手を挙げなかったり、表情が暗かったりした子にはよく話を聞いて、学校でつらいことがあったのなら解決し、楽しい思いをもって帰らせるようにしてください。宿題を少なくして、おうちの人に今日楽しかったことを二つ以上話すという特別な宿題を出すのもいいですね」と話しました。

「一週間くらいなら、やってみようか」と先生方も、いつにも増して子どものいいところを見つけてほめ、気分良く帰らせるようにしていました。すると家庭で子どもが「学校が楽しい」と話すので、保護者もアンケートの「子どもは楽しく学校に通っている」という項目の「大変そう思う」にたくさん丸を付けてくれました。先生方もアンケートに保護者が肯定的なことを書いてくれたことに手応えを感じ、アンケートのあとも、さらに子どものいい面を認めるようになりました。

このようにわたしは学校教育アンケートを先生方のモチベーションを上げるため、プラスに活用していました。

地域の方にとって「いい学校」とは

地域向けの学校教育アンケートでは、左ページのような意見がたくさん寄せられていました。

学校教育アンケート：地域の方たちの声

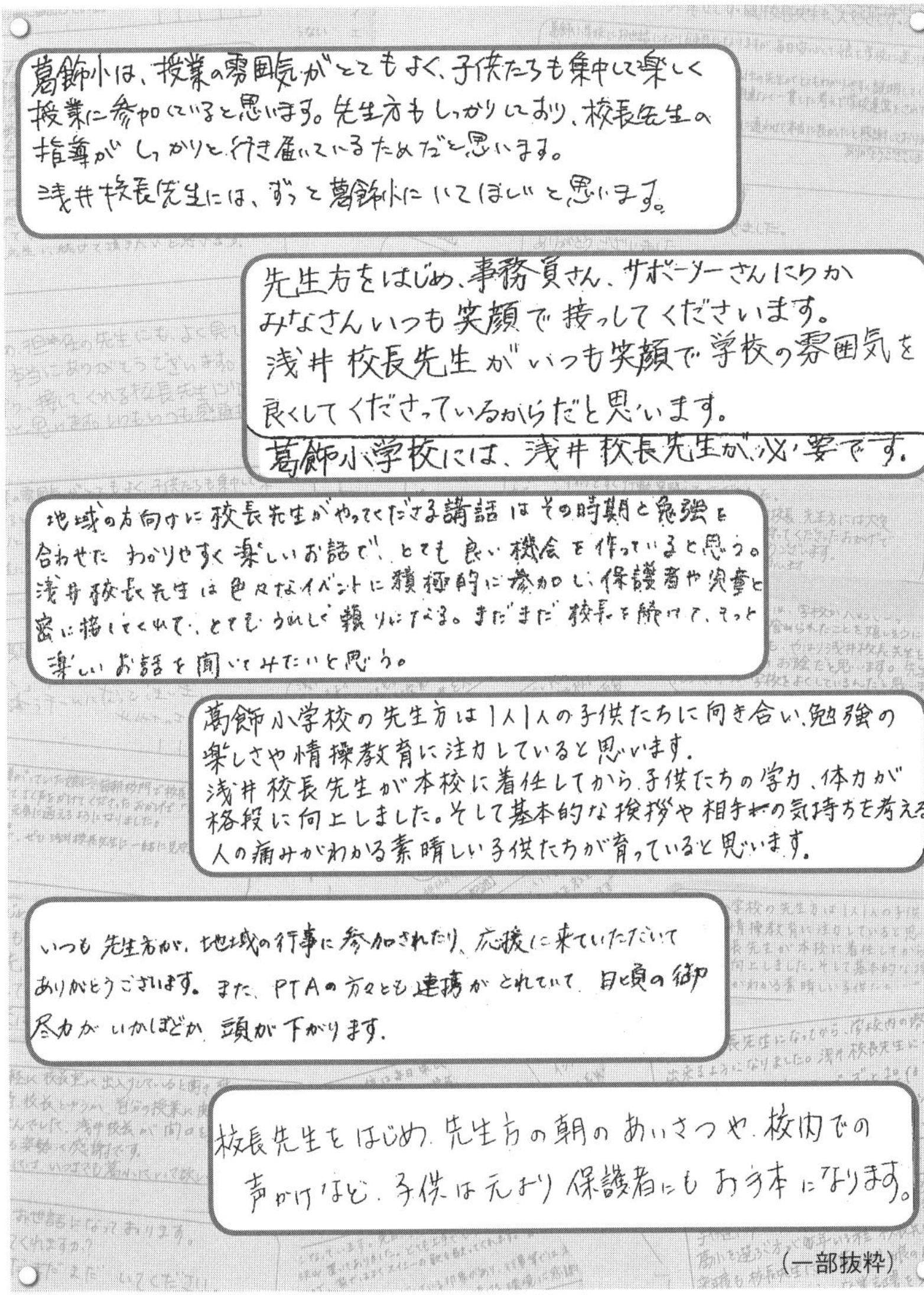
葛飾小は、授業の雰囲気がとてもよく、子供たちも集中して楽しく授業に参加していると思います。先生方もしっかりしており、校長先生の指導がしっかりと行き届いているためだと思います。
浅井校長先生には、ずっと葛飾小にいてほしいと思います。

先生方をはじめ、事務員さん、サポーターさんにりか
みなさんいつも笑顔で接してくださいます。
浅井校長先生がいつも笑顔で学校の雰囲気を良くしてくださっているからだと思います。
葛飾小学校には、浅井校長先生が必要です。

地域の方向けに校長先生がやってくださる講話はその時期と勉強を合わせたわかりやすく楽しいお話で、とても良い機会を作っていると思う。浅井校長先生は色々なイベントに積極的に参加し、保護者や児童と密に接してくれて、とてもうれしく頼りになる。まだまだ校長を続けて、もっと楽しいお話を聞いてみたいと思う。

葛飾小学校の先生方は1人1人の子供たちに向き合い、勉強の楽しさや情操教育に注力していると思います。
浅井校長先生が本校に着任してから子供たちの学力、体力が格段に向上しました。そして基本的な挨拶や相手の気持ちを考える人の痛みがわかる素晴しい子供たちが育っていると思います。

いつも先生方が、地域の行事に参加されたり、応援に来ていただいてありがとうございます。また、PTAの方々とも連携がとれていて、日頃の御尽力がいかほどか、頭が下がります。

校長先生をはじめ、先生方の朝のあいさつや、校内での声かけなど、子供は元より保護者にもお手本になります。

（一部抜粋）

アンケートに書かれたことからわかるように、地域の方が学校を信頼するようになるには、地域としっかりコミュニケーションを取ることが大事です。

まず、管理職が町会長さんたちにあいさつをして、親しくなります。すると町会の会合などで「学校の管理職の先生は、よくあいさつをしてくれるいい方だ」と話してくれるので、町会や地域の方は学校に好感をもつようになります。さらに、地域のお祭りなどに、時間が取れる先生方と共に顔を出すことによって、子どもも保護者も喜び、町会の方も学校にいっそう親しみを感じてくれるようになります。

子どもたちは、地域では学校と違う姿を見せることがあります。学校ではおとなしく目立たない子なのに、地域では小さい子の面倒を積極的にみている姿に驚いたこともありました。学校では見られない子どもたちのいい面を知ることが、さらに子どもを伸ばすヒントにもなります。

学校のいい面やがんばっているところを地域の方が見てくれていることがわかると、教職員のモチベーションも上がります。地域の方は学校を信頼するようになると、子どもたちにこれまで以上に愛情を感じ、買い物や散歩のときでも子どもたちの安全を見守ってくれるようになります。

第二章　「いい学校」をつくる学校経営方針

なぜ学校経営方針が必要か

学校には、多くの教職員が勤めています。子どもを指導する「教諭」。子どもたちの健康や安全な生活に力を尽くす「養護教諭」。事務関係で学校を支える「事務職員」。特別な支援が必要な子どもを伸ばす「特別支援教室専門員、巡回指導教員」。子どもたちにおいしい給食を提供する「学校栄養士、給食主事」。校舎や校庭を点検・補修してきれいにする「用務主事」。さらに「学童誘導員」「放課後子ども支援スタッフ」など、自治体によって職層や名称は違いますが、さまざまな職員が配置されています。そして教職員を管理監督する「校長」「副校長／教頭」という管理職です。

どれも学校にとっては、なくてはならない大切な職です。すばらしい能力をもつスタッフに学校は支えられています。しかし、おのおのが好き勝手に子どものためにと動いたら、どうなるでしょうか。

たとえば「教員」を例にとってみても、「子どもは自由にのびのび学校生活を送ることによって、多くのことを学ぶことができる」と考える先生もいますし、「規律ある生活を送ることで、子どもは安心して多くのことを学ぶことができる」と考える先生もいます。休み時間に子どもたちが校庭で遊んでいるとき、ある先生から「元気に思いっきり遊んでいていいね」とほめられたかと思えば、ほかの先生からは「周りに低学年の小さい子どもも遊んでいるのだから、高学年として、ぶつかったりしないように気をつけて遊びなさい」と注意されたら、子どもは、どちらの話を聞いたらいいのかわかりません。同じことをしてもほめられたり注意されたりするのですから、教師不信につながるかもしれません。

そのようなことがないように、学校では校長が年度初めに学校経営方針を示し、全教職員が同じ方向を向いて子どもたちを指導するようにします。ベクトルを同じ方向にすることで、個々の能力を何倍にもすることができます。ただし、学校の実態も考えずに校長が理想を掲げてしまうと、うまくいかないことがあります。どうすれば効果的な学校経営方針をつくることができるのか、次に考えていきましょう。

多くの人から情報を集め、学校の実態を知る

新しい学校の校長になるとき、前校長との引き継ぎがあります。そこで、学校の強みや課題を聞くことができるので、ある程度学校の実態を理解することができます。しかし、どうしても前校長の目を通したフィルターがかかってしまうので、自分の感じ方と違う場合もあるでしょう。

そこで、四月初めの春季休業日に勤務したとき時間をつくり、副校長／教頭をはじめ、主幹教諭、主任教諭、教諭、さらに養護教諭、事務職員、特別支援教室専門員、学校栄養士、給食主事、用務主事と、学校の教職員全員から話を聞くようにします。新しい校長に対して構えている教職員もいますが、話を聞くことで距離も縮まりますし、学校の全体像も見えてきます。

そして話を聞かせてくれた教職員に感謝の気持ちを伝えるとともに、それらの話の内容を学校経営方針に加味することを伝えます。職員会などで校長が経営方針を全体に伝えるとき、教職員は自分の考えが反映されていることがわかれば、賛成意見を言うなどして協力してくれます。

さらに、ＰＴＡ会長や役員、地域の方があいさつに来たり、こちらからあいさつに出向いたりして話を聞くことによって、別の角度から学校の姿が見えてきます。

こうして校長はさまざまな立場の人たちから話を聞くことによってはじめて、教職員、保護者、地域の方々が、学校に何を望み、どこに誇りを感じているのかを理解することができます。

【わたしの体験】

わたしも新しい学校に赴任する際、前任の校長から引き継ぎを受けました。前校長の話では、この学校は体育を研究してきて、子どもたちの体力や運動能力が高いことがわかりました。しかし、学習指導に自信がもてない教員もいて、授業力向上が課題だとも率直に話してくれました。

四月から勤務が始まり、教職員に話を聞くと、体力や運動能力は高くなったが学力が伸びていないので心配する保護者もいること、学級数が減り、学区域に住んでいても他校に入学する子どもが多いこと、あいさつができない子どもが目立つことなどがわかりました。学校栄養士、給食主事はおいしい給食を作ることに自信があるようなので、この点はPRポイントとして保護者に宣伝していこうと思いました。用務主事は学校に樹木が多いので、清掃に手が回っていないことを気にしていました。

PTA役員の保護者からは、学校は気軽に入りにくく、情報が伝わってこないという話を聞きました。「学校がつまらない」と家で言っている子どもが多いこともわかりました。

地域の方は、地元で最も古い名門小学校なのに、最近はあまりいい評判を聞かないし、登下校の子どもたちは表情に活気がとぼしく、あいさつをしないと話してくれました。

学校の実態を理解したら、自分の思い描く「理想の学校像」を考えます。それが学校経営方針の土台になるからです。その際、前にも述べたように教職員や保護者、地域の方の要望や考えも加味します。こうして理想と現実にもとづいた学校経営方針をつくっていきます。

「すべての子どもたちが楽しく過ごせる学校」という自分の理想の学校像に教職員や保護者、地域の方から聞いたことを加味して、「学力を高め、自己有用感を高め、一日一回はどの子も『学校が楽しい』と感じられ、しっかりあいさつのできる学校」を学校経営方針としました。

「学力を高める」は、教員なら当然のことだと言われるでしょう。すべての子どもにしっかりと学力を定着させるのは簡単ではありませんが、ホームページなどで学力調査の結果が公表される現在、学校が保護者や地域からどのように見られるのかは、その結果も大きく影響してきます。教員へは学力調査の結果は学力の問題にとどまらず、学校が保護者や地域の信頼を得て、協力して子どもを育てることができるかどうかを左右する問題であることを理解してもらえるよう、ていねいに説明しました。

「自己有用感を高める」は、さまざまな調査結果が示しているように、自分に自信がもてない子どもが多くいることから入れました。自分に自信がもてないと何をするにも消極的になりますし、自分の命さえそまつにしてしまう場合すらあります。「自分に自信をもって、明るく楽しい学校生活を送ってもらいたいと願い、学校経営方針に入れました」と教員に伝えました。

「一日一回はどの子も『学校が楽しい』と感じられる」は、「子どもが学校に楽しそうに通っていない」と感じている保護者や地域の方が多いことから入れたこと、そして、

「学校は、子どもたちに多くの学びを与えるところです。学びは繰り返すことで定着するものもあります。しかし、繰り返しの学習は、子どもにとってつらく苦しいこともあります。また当然のことですが、故意に人の心や体を傷つけることをしたら厳しく注意されます。ただ、子どもたちが一日中つらく苦しい学習を繰り返したり、学校生活で注意されたりすることばかりでは、学校は楽しい場所ではなくなってしまいます。一日一回は、学習面でできなかったことができるような喜びをもてるようにします。給食指導や清掃指導、休み時間でも、子どものいいところをほめます。さらに友達と仲良く遊べるような支援もしてください」

と、「いい学校」とは「すべての子どもたちが楽しく過ごせる学校」だという校長（わたし）の思いを説明しました。

「あいさつのできる」は、あいさつは人と人とのかかわりをスムーズにする基本であること、そして「元気よく、相手の目を見て、笑顔であいさつするよう指導してください」「あいさつができる子を担任だけでなく、周りの先生方もほめてください。あいさつの輪が広がります」と指導のポイントも説明しました。わたしは毎朝校門で子どもたちを迎えてあいさつし、子どもたちのあいさつの声や表情がいつもと違う様子であれば担任に伝え、指導に生かしてもらいました。

そのほか細かいことも、学校経営方針に入れました。「電話を受けたときの対応」「家庭への連絡をするときの話し方」「職務に厳しく、人にやさしく」などです。

それらの説明として、「電話対応は相手の顔が見えないので、できるだけていねいに、相手に感じのいい学校だと思ってもらえるようにしてください」「保護者にけがの報告をするときは、自分の子どもがけがをしたときに、どのように伝えられたら安心するのか、相手の立場に立って話してください」「わたしたちは、子どもたちを育てる大切な仕事をしています。職務をおろそかにすると、命にかかわります。仕事仲間を大切に協力し合って、いい教育をしていきましょう」と話しました。これらは、大きな項目ではなく日常気をつけることとして入れました。

たくさんのことを学校経営方針に入れたくなりますが、そうすると、一つ一つが不十分になります。どうしても入れたい内容を二つか三つに絞ります。教職員との人間関係ができてきたら、少しずつ足していきます。わたしは長年、理科と生活科の研究を続けてきたことから、二年目に「子どもたちに理科、生活科の資質・能力を育てる」という内容を加えました。

学校経営方針を全職員に説明するとき、「子どもたちのためにみんなで力を合わせましょう」という気持ちをつねにもっていることが大切です。それが教育の不易だからです。

教員以外の別の視点からの情報も大切に

「事務職員」は、学校予算の計画、執行と大きな仕事を担っています。一校の予算は児童数にもよりますが、人件費も含めれば億単位の予算が配当されます。大切な税金を子どもたちのために使うのですから、事務職員としっかり話し合うことが、学校のため子どもたちのためになります。学校の設備の修理・補修などのほか、各教科・領域にどのように予算配当をするのか、行事に必要な予算はどうするのかなど、ていねいに話し合っていくことが大切です。

頭に入れておきたいことは、ベテランの事務職員は、自分でどんどん仕事を進めることができてしまうということです。基本的に「例年通り」で予算を立てて執行していくかもしれません。「この予算は、どうなっていますか」と疑問に思ったことは、遠慮せずに聞いていきます。管理職が事務職員と意思疎通が図れていること、そして学校配当予算について、しっかり理解できている学校は「いい学校」です。

また、一部の職員だけが予算管理をしていると会計事故につながる懸念もあります。多少うるさがられても「子どものために一緒に考えていきましょう」と学校は子どものためにあることを話していけば、コミュニケーションはしっかりと図れるものです。

さらに教員が子どもたちを事務室に用事で行かせるときは、「○年□組です。先生に頼まれて画用紙を三枚いただきに来ました」「ありがとうございました」のような話型を示して指導するよう伝えます。すると事務職員の子どもたちに対する愛情がさらに深まり、このようないい子どもたちのために仕事をしているんだとモチベーションが上がります。さらに、子どもたちにも自分たちのために働いてくれている人に感謝する心が育ちます。

「学校栄養士、給食主事」は、子どもたちが毎日楽しみにしている給食を作っています。それは子どもたちが学校を楽しい場所と感じられる大きな要素です。安全な給食を作ることは、とても気を使い大変な仕事であることをねぎらい、重要な役割なので期待していることを伝えます。そして、子どもたちの好きなメニューや苦手なメニュー、残菜の量など管理職として知っておきたいことを教えてもらいます。

また、日ごろ思っていることや要望も聞きます。さらに、折に触れて「今日の給食は素材の味が生かされていて、とてもおいしかったです」などとコミュニケーションをとることが大事です。学校栄養士や給食主事のやる気によって、さらに味もよくなるのではないかとさえ思っています。

教員にも「子どもたちに、おいしい給食を作ってくれていることに感謝の気持ちを伝えるように」と話しておきます。子どもたちが「今日の給食もおいしかったです。ありがとうございまし

給食主事が工夫したハートやクマの形のおかず

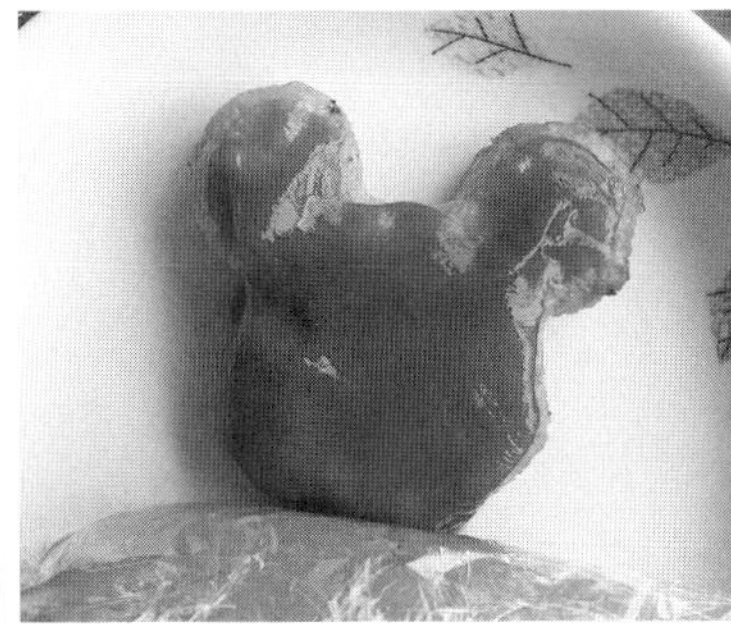

た」と感謝するようになると、さらにひと手間工夫した給食を作る意欲にもつながるでしょう。がんばって作っても何も言われないのでは、いくら仕事だといってもモチベーションが上がらないのが人間というものです。

「用務主事」が、つねに学校をきれいな状態にしておこうという意識と、子どもたちの安全を守りたいという意識をどれくらいもっているかで、学校の様子はまったく違います。「とても重要な職で期待しているので、つねにコミュニケーションをとりたい」と伝え、子どもたちの様子や要望を聞くようにします。

用務主事は教員とは違った視点で子どもたちを見ているので、重要な情報が入ることがあります。トイレの清掃や体育館裏の落ち葉掃きのときに見聞きした、子どもたちの親切な行いやいじめにつながりかねないようなけんかやいざこざなど、用務主事の情報のおかげで助けられたことがたくさんあります。

子どもたちにも「いつもおそうじありがとうございます」と感謝の言葉を伝えるように指導し、子どもたちの心を育て、用務主事にも子どもたちの成長を共に喜んでもらえるようにしていきましょう。

【わたしの体験】

樹木が多い学校に校長として赴任したときのことです。緑が多いのはよかったのですが、落ち葉掃きや枝打ちなど、管理や安全点検に手が回らないという用務主事の話を聞き、副校長と相談して樹木の剪定を業者に依頼しました。用務主事は管理職が自分の話を真剣に受け止め、共に学校や子どもたちのことを考えていこうとしていると前向きに受け止めてくれたようでした。その後、すすんで修繕が必要な箇所を直したり、清掃にさらに努力したりして、学校がとてもきれいになりました。

きれいな学校というのは、「いい学校」の大切な一つの要素で、保護者や地域から信頼されるポイントになります。来校した方から「校内の隅々まで清掃が行き届いていて、とてもきれいな学校なので感心しました」といううれしい声が多数聞かれ、それを用務主事に伝えると、さらに努力してくれるようになりました。

「いい学校」づくりのキーワード

学校経営方針を全職員が理解し、主体的に実践するようになるには「校長に協力して、みんなでがんばろう」という気持ちを全教職員がもつ必要があります。校長が教員だけでなく全職員に

教職員や地域の方の声が書かれた色紙

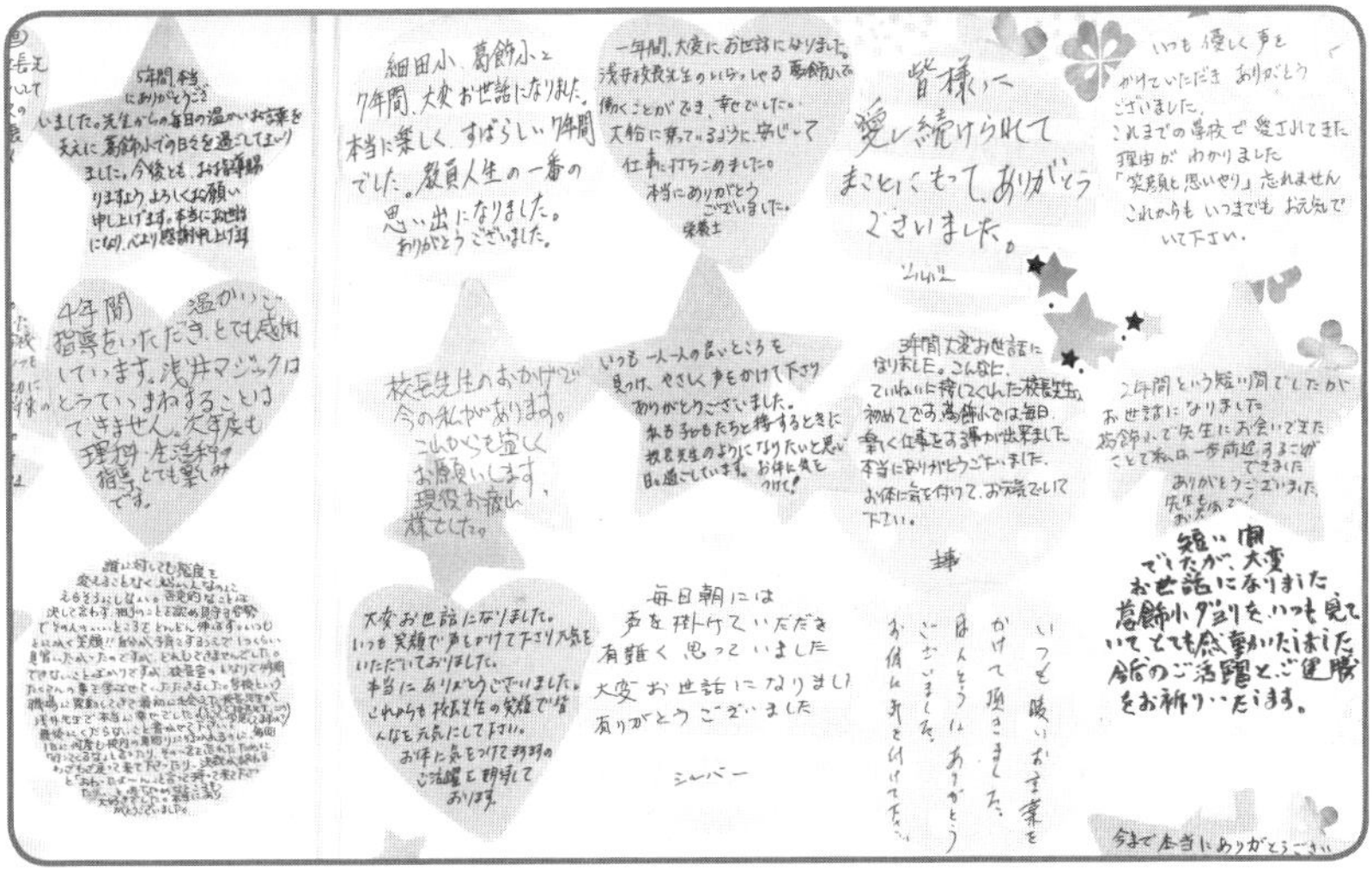

対して、学校を支える大事な人材という気持ちで接することで、学校のため、子どものためにいっそう力を発揮してくれるようになります。

教職員が意気に感じるキーワードは、「子どものために」と「責任は校長が取る」です。

「子どものためになることは、どんどんやってください。わたしは応援しますし、失敗したときの責任も取ります」「ただし、やる前には必ず相談してください。わたしも知らないことに責任を取るのは困りますので」のように話すと、「子どものためになることは許可してくれる校長なんだ」「やる前に相談して、アドバイスをもらおう」「責任を取ってくれるのは心強い。そんな管理職がいる学校は働きやすい」と教職員は前向きにとらえてくれるのではないでしょうか。

第三章　教師の学習指導力を高める

これまで述べてきたように、子どもが学校を楽しいと感じるのは、「わからなかったことが、わかるようになった」「できなかったことが、できるようになった」「先生はわたしのことをわかってくれる」「学校行事で活躍できた」などです。

それでは、それらを実現するために、教師はどうしたらよいでしょうか。「授業」「児童理解」「行事」「学習環境」、そして「研修と校内体制」の五つに分けて考えていきましょう。

1　「わからなかったことが、わかるようになる」授業

まず、子どもが「わからなかったことが、わかるようになる」ためには、教師の授業力向上が必要不可欠です。わたしが先生方に話すのは、とても単純なことです。

「子どもたちにとって学校生活の大部分は授業です。ですから、一時間、一時間の授業を大事にしてください。子どもにとって、同じ授業は二度とありません。一時間の授業で子どもたちに

何を身につけさせるのか、『ねらい』は何かを明確にしてください。さらに、『ねらい』を一人ひとりの子どもが達成することができたか意識してください。これが『評価』です。子どもたちにとって一度きりの授業を大切にしてください」

「ねらい」を明確にして授業をする

授業には、毎時間「ねらい」があります。子どもたちに、どのようなことを身につけさせるのか、教科書・指導書には学習指導要領をもとにした「ねらい」が書かれています。その「ねらい」を、すべての子どもに身につけさせることができるよう、つねに意識しながら授業を進めることが大切です。

理科の授業を例に挙げます。たとえば、「観察、実験の技能」では「リトマス試験紙の使い方を身につけることができる」、「知識」では「水溶液には、酸性、アルカリ性および中性のものがあることを理解する」のように、その時間に子どもたち全員に何を身につけさせるのか、「ねらい」を明確にする必要があります。

「ねらい」を身につけさせることができたか「評価」する

その時間の「ねらい」をすべての子どもに身につけさせることができたか検証する必要もあります。それが「評価」です。「評価」をする際には、いろいろな方法でチェックする必要があります。総括テストはオーソドックスな評価方法ですが、形成的な評価も大事です。机間指導でノートを見たり、発言内容や行動観察で理解度をチェックしたりするのもよいでしょう。

子どもにとって「わかりやすい授業」とは、「ねらい」と「評価」とがはっきりしていること、子どもたちの実態をしっかりつかみ実力に合わせた授業ができていること、理解の早い子とゆっくりな子のどちらにもバランスよく指導ができていることなどが挙げられます。このようなていねいな授業をすることで、子どもたちの学力の定着が図れます。

【わたしの体験】

先生方は、一週間の授業計画案（週案）を管理職に提出します。わたしは、この週案で、まず「ねらい」がしっかり書かれているかを見ます。「ねらい」があいまいなときは、「この授業の『ねらい』は何ですか。それはどのように評価するのですか」と質問します。また、子どもが興味・関心をもつような授業展開になっているかもチェックします。週案を見て、（この授業は楽しそうだ。どうやって教えるのだろう）と思ったときは実際に授業を見にいきます。そして、「ここがよかった」「ここはわかりにくかった」のように気づいたことを先生方と話します。気軽に授業を見にいき、いいところを中心に感想を伝え、意見交換するようにすると、先生方も受け入れやすく授業改善に結びつきます。

校長自身が、得意な教科、領域などがある場合は、それを活用していくのも一つの方法です。

わたしは理科を長年研究してきたので、理科の指導については自信があります。すると、ついつい先生方に指導したくなりますが、一緒に考え、一緒に学ぶという姿勢のほうが、先生方に力がつくようです。だれでも押しつけられるよりは一緒に考えていくほうが意欲も高まりますし、頭にも入りやすいものです。

「理科の新しい単元に入るのですね。どのような事象提示を考えていますか」「わたしが担任のときにこんな事象提示をしたら、子どもたちは自分で問題を作れました。参考に考えてみてください」のように話すと、先生方が相談に来るようになり、ぐんぐん授業力が向上していきました。

先生方も「明日の理科の授業は、子どもたちが積極的に活動すると思いますので、見に来ていただけますか」のように声をかけてくるようになります。わたし自身、担任のときは忙しいことを理由に教材研究をおろそかにしたり、自分本位に「子どもたちはわたしの授業をよくわかっているだろう」などと安易に考えたりしてしまうことがありました。やはり、校長に限らずだれかに見てもらうことは大切です。

研究授業のように気を使う授業ばかりでなく、普段の授業を管理職や学年主任、教務主任に見てもらってアドバイスを受けることも大切です。このようなシステムを管理職が作ったり、主幹や主任に作らせたりしていくと先生方の指導力が向上し、子どもにとって「わかりやすい授業」ができるようになります。それは、子どもにとって、「わからなかったことが、わかるようになる」「楽しい授業」でもあるのです。

また、どの学校にも教科のエキスパートの先生がいます。そのような先生の授業を見ることで多くのことを学べます。そうはいっても、ほかの先生方と授業を見せ合うことに抵抗感をもつ先生もいるでしょう。そこでわたしは授業を見にいくとき、空き時間で職員室にいる先生方に声をかけるようにしていました。そうして、少しずつお互いに授業を見合う雰囲気をつくっていきました。

それでは、子どもたちの学力を向上させる「わかりやすい授業」は、どのようにすればできるようになるのか、次に考えていきましょう。

子どもたちに意欲的に学習に取り組ませる

まず、子どもたちに意欲的に学習に取り組ませることが大事です。たとえば、子どもたちの興味を引くような導入を考えたり、できた喜びを感じられるような、子どもたちの実態に合った問題を解かせたり、子どもたちの関心や意欲を高める教材教具を考えたり、あるいは子どもたちが興味をもつようなお話を取り入れたりする方法もあります。

興味を引くような導入であれば、算数なら実際にお金を使って買い物をする場面で考えさせたり、理科なら不思議だと思うような実験を見せて、「なぜだろう」と考えさせたりします。

また、子どもたちの実態に合わせて簡単に解くことができる問題から始めて、次に少し考えれば解ける問題、最後に難しい問題を用意して解ける喜びを感じられるようにするなどの工夫もします。そうすることで、子どもたちは意欲的に学習に取り組むようになります。さらに、学習内容を繰り返し学習することで定着を図ります。漢字ドリルや計算ドリル、百ます計算などを活用することで定着させます。

指導方法を工夫する

子どもたちの集中力が続くように、教師の説明を聞くだけではなく、多様な活動を組んだり、ICT機器を取り入れたり、一人一台タブレット端末などを活用した最新の指導法で授業したりすることも大事です。

たとえば、子どもたちの活動には、「ノートやワークシートに書かせる」「グループ（小集団）での話し合いをする」「学級全体で話し合いをする」「グループで劇化する」「発表会をする」「ポスターセッションをする」などがあります。

ICT機器の活用には、「タブレット端末などで子どもたちの活動を記録して見せる」「電子黒板を使う」「書画カメラを使う」「DVDやテレビを視聴する」などがあります。

すべての授業で多様な活動をおこなったりICT機器を活用したりするのが難しいようであれば、一日一回工夫するだけでも子どもたちは授業が楽しみになります。使い慣れれば毎時間ICT機器を使っても操作に時間をとられることも減り、むしろ子どもたちは意欲的に学習に取り組むようになるので、積極的に活用していきましょう。

とはいえ、教員は多忙な毎日を過ごしています。教員が日々の授業をこなすことにいっぱいいっぱいで、子どもたちにとって「わかりやすい授業」ができていないと思うときや、基本的な授業の組み立てを考えてほしいときなど、わたしの体験から次のような話をしています。

【わたしの体験】

ある年、わたしが五年生の担任を受け持ったときのことです。Aくんという元気な男の子がいました。元気はいいのですが、宿題はいいかげんで自由勉強などは決してやらず、早く遊びたくて授業中はいつも上の空でした。わたしはAくんのことを（ちっとも勉強しない子だなあ）と思っていました。

ある日、「いじめは絶対にやめよう」という内容の道徳授業をしたあと、Aくんがわたしのところへ来て、「今日の道徳の授業は、考えることがたくさんありました。ぼくは将来、困っている人を助ける弁護士か、悪い人を裁く検事や裁判官になりたいと思いました」と言いました。つい、（勉強嫌いだから、難しい司法試験には受からないと思うよ）と言いそうになりましたが、Aくんがいつになく真剣な顔つきだったので「夢が叶うといいね。でも難しい試験があるよ。つねに勉強する気持ちがないと、人を裁いたり弁護したりという難しい仕事はできないからね」と答えました。

Aくんがせっかくやる気を出しているので、わたしはかれに勉強の楽しさを教え、夢を叶えさせてあげたいと思いました。しかし、当時、授業内容の多い高学年を担任することが多かったわたしは、ついつい教え込みの授業になりがちでした。そこで、どうしたら勉強が楽しくなるような授業ができるのか、初心に帰って考えました。

そして、次の四点を意識して授業することにしました。

・子どもは、できなかったことができるようになることがうれしいので、それをきちんと評価する。「こんなことができるようになったんだね。すごい」と言葉をかけて、学ぶ楽しさを感じさせる。

・努力したことは、たとえ結果がよくなくても、がんばっていた過程を認め、ほめる。「うまくいかなかったけど、がんばっていたことは、よく知っているよ。次は○○するといいのではないかな」

・子どもたちが学習に集中しなくなってきたら、体を動かす活動を取り入れたりＩＣＴ機器を活用したりする。また楽しい話や興味を引くような話をして息抜きをする（わたしは怖い話が得意なので、よくやっては子どもたちに喜ばれました）。

・学んだことは繰り返し学習することで定着するので、折に触れ、復習を兼ねて振り返りの学習をする。

Ａくんのことをきっかけに、わたしは指導の基本に立ち返り、学級の子どもたちみんなが勉強の楽しさを感じられるよう授業を改善していきました。Ａくんは努力のかいあって少しずつ学力が高まっていき、やがて難関大学へ進学したと聞きました。そして、ある年の年賀状で、「司法試験に合格しました」と夢の第一歩を踏み出したことを記したうれしい報告をもらいました。

年賀状には、「昨年の九月に、長年の目標だった司法試験に合格しました。浅井先生に出会い勉強の楽しさを教えてもらわなければ到底不可能だったと思います。本当にありがとうございました。現在は司法修習生として静岡で研修をしていますので、ぜひ遊びに来てください」とありました。（だいぶ、お世辞がうまくなったな）と思いましたが、懐かしい教え子に会いに行き、激励してきました。

そして次の年の年賀状には、「浦安の事務所にいるので、浅井先生の裁判のときは最善の弁護をします！」と冗談交じりのあいさつが記してありました。そこで会ってお祝いをしたときに、「裁判になったら頼りにしていますよ。でも、だれに対しても最善を尽くして弁護をしてくださいね」と言うと、Ａくんはにっこり笑ってうなずきました。

はじめは勉強しないことをＡくんの問題にしていたわたしでしたが、Ａくんのやる気に応えようとすることで、自分の授業の仕方を反省的に振り返り、改善することできたのです。Ａくんに教えようとして、逆に大切なことを学ばせてもらったのです。

先生方には、「日々、一生懸命力を尽くしていることと思います。しかし、子どもたちの立場に立って、子どもたちの学力が高まるような授業の工夫を考えてみてください」と自戒を込めて話しています。

学力テストを学力向上のために活用する

「全国学力・学習状況調査（全国学力テスト）」や「ＰＩＳＡ」「ＴＩＭＳＳ」のような国際学力調査の結果が大きく報道される現在、子どもたちの学力を上げることは、ますます重要になっています。

全国学力テストでは、応用力や活用力を問う問題が多く出される傾向にあります。ですから応用力、活用力を伸ばすことでテストの結果がよくなることが期待されます。しかし、応用力、活用力は、基礎・基本がしっかり定着していなければ向上させることはできません。つまり、基礎的・基本的事項の定着が非常に重要になるのです。そこで、学力テストを基礎・基本の定着や活用問題の対策に生かしていきます。

まず、全国学力テストも各自治体の学力テストも、文部科学省や各自治体から送られてくる「報告書」を分析することから始めます。過去五年ほどの問題で、正答率が低く無回答率が高い問題は、経年変化を調べるために繰り返し出題される傾向がありますので、それらの問題を使った復習をします。さらに長文を読解する問題も多く出題されるので、長文読解問題にも慣れさせておく必要があります。また、問題用紙と解答用紙とが別々なテストの形式にも慣れさせておくと、子どもたちは安心して実力を発揮できるようになります。

子どもたちは、長い人生の中でたくさんの試験を受けます。心がまえとして、最後の一分一秒までにあきらめずに問題と向き合うことや、テクニックとして、できる問題から解いていき無答をなくすようにすることなどを伝えていくことも必要です。

【わたしの体験】

わたしが校長として赴任したある学校は、当初は、全国学力テストの正答率は全国平均くらいでした。しかし、先生方が楽しい授業、わかりやすい授業を意識し、学力テストの過去問を活用したことで、学力向上をはたすことができました。二〇一七年度には、国語A＝八三・〇パーセント（全国平均七四・九パーセント、以下同じ）、国語B＝六九・〇パーセント（五七・六パーセント）、算数A＝九五・〇パーセント（七八・八パーセント）、算数B＝六八・〇パーセント（四六・二パーセント）と、全国平均を大きく上回りました。とくに算数Aでは、ほとんどの子どもが「一〇〇点」を取りました。テストの結果がよくなることで子どもたちは自信をもてるようになり、あいさつも自分からするなど明るく前向きに活動し、何事にも積極的になっていきました。

先生方が楽しくわかりやすい授業を意識し、授業力を向上させていくと、子どもたちも学校が楽しくなり、学力も高まって、満足感を得られます。保護者も「いい学校」だと感じられるようになります。

校長として、先生方の授業力を向上させる的確なアドバイスをするためには、授業をよく見て、よい点と改善点とを知る必要があります。わたしは時間があるときは、できるだけ授業を見るようにしていました。何回も見ているうちに子どもと先生の相性も見えてきます。新年度に学級担任を決めるとき、子どもと先生の相性がいい組み合わせにするためにも、校長は授業をまめに見るようにしたいものです。

できなかった運動ができるようになる

運動も学習と同じように、子どもによって習得するまでの時間に早い遅いがあります。あまり時間をかけなくてもとび箱や逆上がりができるようになる子どもと、たっぷり時間をかけなければ習得できない子どもとがいます。これは個性ととらえて、時間がかかる子どもには繰り返し指導し、支援の仕方を工夫して身につけさせていきます。そうすると、子どもはできたときの満足感が大きなものになり学校が好きになりますし、教師もやりがいを感じられるという好循環が生まれます。よく職員室で、「今日の体育の授業で、○○さんが逆上がりができるようになりました。子どもたちみんなが大きな拍手をして、○○さんもとてもうれしそうでした」のような話を教員同士がするのは、お互いのモチベーションが上がるからです。

運動が楽しいと感じるようになった子どもは、体育の授業のときにできなくても、自分から休み時間などで積極的に練習するようになります。だからこそ、運動が好き、体育が好きという気持ちを子どもにもたせることが大切なのです。

子どもが体育を好きになるきっかけは、「できなかったことが、できるようになったから」「徒競走で一等賞を取ったから」だと聞くことが多いです。「先生にほめられたから」という子どももいます。子どものいい面をほめることによって体育が好きになり、積極的に運動をするようになるのです。

2　児童理解を深める

わたしは管理職になる以前は、担任として二一年間教壇に立ち、多くの子どもたちを直接指導してきました。次の話は、わたしが児童理解とはなにかを深く考えるきっかけになったときの体験です。

【わたしの体験】

教師になって一〇年目の頃、わたしは六年生のとても勉強嫌いなBさんを担任しました。授業中はぼんやりしていることが多く、指名しても答えが返ってくることはありません。宿題など一度もやってきたことはありませんでした。そんな状態ですから、テストもほとんど点が取れませんでした。

このままでは将来つらい思いをしてしまうと、毎日のように残して勉強を教えました。何とかしなくては、という使命感と責任感とでかなり厳しく指導しましたが、成果は表れませんでした。

何も言わなくても宿題をやり、進んで学習する子どももいるのにと悲しくなって、家に帰って落ちこんでしまうこともありました。

ところがBさんは意外なことがきっかけで、勉強をするようになりました。

家庭訪問でBさんの家を訪ねたときのことです。Bさんは赤ちゃんが泣くと人肌の温かさのミルクを作ったり、年下のきょうだいが「おなかが空いた」というとサッと焼きそばを作ったりと、小さなきょうだいたちの面倒を一生懸命みているのです。病弱なお母さんはBさんを頼りにしていて、勉強のことは何も言わないということでした。Bさんはいわゆるヤングケアラーだったのです。

わたしは（この子は小学生なのに生活の一部を支えていたのか）と胸をしめつけられるような気持ちになり、「家でこんなにお手伝いしていたんだね。友達と遊ぶ時間もなくて大変だったね。でも遊びたいのをがまんして、これほどがんばれる小学生はめったにいないよ」と心底思ってほめると、表情がとぼしいと思っていたBさんが、「先生がわたしのことをわかってくれた。ほめてくれた」と涙をぽろぽろこぼしはじめました。そのときわたしは初めて、子どもに大人の思いを押しつけるのではなく、子どもの立場に立って、子どもの思いを大切にすることが、どんなに大事なのかを理解することができました。

それからBさんは少しずつ、勉強や宿題をするようになりました。小さなきょうだいたちの面倒をみながら一生懸命勉強してきたんだろうなと思うと、ほかの子どもたちにとっては簡単なことても、Bさんにとっては、すごくがんばったことなのだと認めることができるようになりました。

当時、若かったわたしは、最初は目の前のBさん（子ども）をしっかり見て理解するというより、教師の熱意と使命感だけで力づくの指導をしてしまっていたのです。

子どもの立場に立って、子どもの気持ちを考えることを児童理解といいます。本当の児童理解ができたとき、子どもは心を開くのではないでしょうか。わたしはBさんとのかかわりを通して、そのことを学びました。

学級や学年、学校の子どもたちは、縁あってかかわることになった大切な子どもたちです。子どもの話をたくさん聴いて、様子をしっかり見てあげてください。（今は忙しいので、あとで聴いてあげよう）と思っても、子どもはそのときしか口を開かないことがあるからです。

「問題行動」を繰り返す子どもへの指導

「問題行動」を起こす子どもは、「困った子ども」なのでしょうか。そうではありません。「困っている子」なのです。その子なりの自己表現、伝え方なのだと理解すること、これも児童理解のひとつです。

授業中、騒ぎはじめ、注意してもなかなか改善しない子どもに手を焼く先生方は多いでしょう。しかし、注意しても変わらないからといって、さらに厳しく注意するのはどうでしょうか。じつはそれには効果がないことも、先生方は実感しているのではないかと思います。

授業中に騒いだり、ほかの子の勉強を妨害したりする子は、そうした問題行動が何に起因するものか冷静に読み取ることが大切です。

たとえば「勉強がよく理解できず、騒いでしまう」「お父さんとお母さんがけんかをして、それが原因でイライラしている」「学校で友達とけんかをして、カッカしている」「いじめられて、騒ぐように強制されている」「いじめられていることに気づいてほしくて、そうした態度をとっている」「いじめられていることに気づかれたくなくて、強がってそうした態度をとっている」「教師に怒られたから、反抗的な態度をとっている」等いろいろなケースが考えられます。

子どもの話をよく聴き児童理解に努め、原因を探ることで問題解決へとつなげます。

特別な支援が必要な子どもである場合

問題行動を繰り返す子どもは、情緒障害など、特別な支援が必要な子どもの可能性もあります。（自分の苦しい気持ちをわかってもらいたい）（じっと同じ姿勢でいるのがつらい）などと感じていることを、思わず声を出してしまうというような行動で表現しているのかもしれません。

特別支援教育コーディネーターや専門機関と連携して保護者と相談しながら、その子に合った指導をすることが大切です。特別な支援が必要な子どもの場合、それを個性ととらえ、その子のいい面に目を向けてほめることで意欲を高め、ほかの部分を伸ばすことも考えられます。そのためには教員が特別支援教育について理解を深めていくことが大事です。

「いい学校」をつくるためには、すべての学級が落ち着いて学習に取り組めることが大切です。落ち着いた学級にするには、問題行動を繰り返す子どもの抱える問題を解消し、学習に集中して取り組めるようにする必要があります。

【わたしの体験】

ある学校に校長として赴任したわたしは、六年生の一部の子どもたちがどこか落ち着かず、学級が集中して学習に取り組めていないように感じていました。そこで、そうした子どもたちに徹底的に寄り添うよう担任に話しました。

「落ち着いて学習に取り組めない子は、『困った子』ではなく『困っている子』です。どうして困っているのか、原因を早く見つけ、解決してあげてください」と言って、わたしや学年の教員たちも協力しながら、担任は児童理解に努めていきました。子どもたちは、それぞれに悩みを抱えていましたが、担任の努力もあって少しずつ落ち着いてくると、学級も平穏を取り戻してきたように見えました。

二学期の終業式の日のことです。通知表を配り、大掃除も終わった四校時、校長室で仕事をしているとノックがします。「どうぞ」と言うと、その学級の四人の子どもたちが入ってきました。女の子二人は下を向いて泣いています。

「どうしたの？」と聞くと、男の子が「先生に注意され、校長先生にもなぜ注意されたのか話してきなさいと言われて来ました」と言います。クリスマスの日につらい思いで家に帰って冬休みを迎えるのもかわいそうだと思い、「校長先生も一緒に謝ってあげるから教室に行こうか」と言って立ち上がろうとしたそのとき、学級の子どもたちがどっと校長室に入ってきたのです。「校長先生、メリークリスマス！」「これ、クリスマスプレゼントです！」と口々に言って、学級みんなで書いたという、きれいなクリスマスカードの束をわたしに差し出しました。泣いていたはずの女の子たちもニコニコしてわたしを見ています。

（そういうことか！）と合点がいき、「とてもうれしい、サプライズのクリスマスプレゼントをありがとう」と言うと、校長室が子どもたちの笑顔でいっぱいになりました。最初入ってきた四人の子どもたちは部屋の隅で照れくさそうにしていましたが、すてきなクリスマスカードを書いてくれていました。

問題行動を起こす子どもは、自分でもうまく表現できない悩みを抱えていたり、気づいてもらいたいことがあったりするものです。寄り添って、話をよく聴くことで、心を開いてくれます。そのなかで学級全体の心が育ち、こんなにうれしいサプライズを用意してくれるような心のゆとりが生まれてくることもあります。その後、この学級の子どもたちは下級生に申し送りをしてくれ、それから毎年、６年生からクリスマスカードや誕生日カードをもらうようになりました。

（教育職を選んでよかった）そう心から思った出来事でした。

子どもたちからの「クリスマスカード」

（一部抜粋）

3　学校行事を成功させる

コロナ禍により、多くの学校で行事は中止、縮小、あるいは保護者や地域の方の参観が取りやめになりました。しかし、本来は子どもにとっても、教員にとっても学校行事は大きな活躍の場です。保護者や地域の方も楽しみにしています。そうした学校行事で子どもたちに全力を出せたという達成感をもたせ、保護者や地域の方にも満足してもらうためには、子どもたちを意欲的に参加させることが大切です。

それには、学年による発達段階を考えなければなりません。ここでは四〜六年生を「高学年」とし、一〜三年生を「低学年」として考えてみましょう。

高学年の子どもへの指導

高学年は、学校の代表として活動することの多い学年なので、つねに周りの人から見られていることを意識させる指導をします。高学年としての自覚をもった行動をさせるのが「ねらい」です。

たとえば「今日は電車に乗って社会科見学に行きます。乗客の方に『おしゃべりをしないで静かに電車に乗り、お年寄りに席を譲る子どもたちのいる、すばらしい学校だ』と思ってもらえるように、学校の代表として行動しましょう」などと意識させることが大切です。

音楽会でリコーダーを演奏

全員できれいにそろった音色を響かせる

展覧会会場で金管を演奏

フラッシュモブのように現れた子どもたちに歓声があがる

大谷石地下採掘場跡で合唱

管理者の許可を得て歌い、見学者から大きな拍手をもらう

ただ、緊張してばかりだと不満を感じる子どもも出てきます。「乗客の方から『たくさん子どもがいるのに、静かですばらしい学校だ』とほめられました。先生もとてもうれしいです」のようによかったことを話すと、がんばりが結果として表れたことで満足感や自己有用感を得られ、不満が喜びに変わります。

また、高学年は、就学時健康診断などで、幼稚園や保育園の子どもたちのお世話をする機会も多くあります。「来年度入学してくる幼稚園、保育園の子どもたちに、早くこの学校に入学したいと思ってもらえるようにするにはどのように案内したらよいか、しっかり考えて行動しましょう」と話し、下級生の面倒をみる意識も育てましょう。

運動会、学芸会、音楽会などの行事では、

高学年の子どもたちは係の仕事などで中心的な役割を果たします。子どもたちはやらされていると感じれば意欲を失い、それが新入生の保護者から見てさぼっているという印象を与えてしまったら、学校の信頼を損ないかねません。行事が成功するかどうかは、高学年の子どもたちの働きにかかっていることを意識させるような話をしていくことが大切です。

そして忘れてはならないのが、行事が終わったら、子どもたちのがんばりを「評価」することです。「きみたちのがんばりで、運動会は大成功でした。来賓の方々が、『子どもたちが一生懸命仕事をしていてすばらしい学校だ』と感心していました。先生もみなさんの担任であることを誇りに思いました」のように、高学年の活動として達成できたことをほめます。行事にも「ねらい」と「評価」があるのです。

低学年の子どもへの指導

低学年の子どもたちは、どのような行事でも、とても意欲的に取り組みます。しかし、その意欲は「落ち着かない」と見なされ、注意されることが多くなると失われていくので気をつける必要があります。

教員は子どもたちのいい面を見てもらいたいと考えるあまり、子どもたちをしっかりさせようと注意しがちです。そこで、一つ注意したら一つほめるようにします。ほめられることで子どもたちは満足して意欲も高まり、学級経営にもプラスにはたらきます。

学校行事をとおして、子どもたちがぐんと成長する姿が期待できます。学校行事は学校のよさを保護者や地域にアピールするチャンスです。いい面を伸ばすつもりで指導していきましょう。

4 「いい学校」をつくるための学習環境

学校の学習環境は「先生方それぞれにお任せ」という学校もありますが、わたしはそれではもったいないと考えています。学校に入ったとき、下駄箱の靴が乱雑に入れられていたり、廊下の掲示物が剥がれていたり、あるいは床にゴミが落ちていたりすると、学校全体の印象が悪くなってしまうからです。

小中学校の連携事業で、わたしが校長をしていたある小学校に中学校の先生方が授業を見にきたとき、「掲示物がすてきな作品ばかりで、ワンダーランドに来たみたいです」と感心されたことがあります。また、保護者や他校の先生が来校したとき、「ゴミ一つ落ちていない学校ですね。きれいで明るい感じがして、びっくりしました」と驚かれたこともありました。そしてうれしいことに「すばらしい学校」だと周りの人に話してくれたおかげで、学校の評判がとてもよくなったのです。

子どもたちは下駄箱の靴をきれいにそろえて入れる習慣がつくと、見た目をきれいにするだけでなく、靴が落ちていたら自分のものでなくても靴箱に入れるようになります。このように、学校の環境は子どもたちの心を育て、学校の評判にもかかわるものなのです。

また、教室の学習環境は、学習意欲を高めるためにも非常に重要です。いろいろな教科・領域を学んでいる子どもたちが、どのような学習をしているのか、教室の壁面にわかりやすく掲示することが大切です。子どもたちががんばって仕上げた作品を掲示することにより、友達のいいところを見つけて参考にする効果も期待できます。限られたスペースを有効活用して、子どもたちの学習に対する関心や意欲を高めることが重要です。そのためには、管理職や管理職から指名された担当者が学校全体を見て、統一した学習環境をつくり上げる必要があります。

【わたしの体験】

わたしが担任だったとき、研究に力を入れていた理科の学習では、問題解決の学習過程を見通したり振り返ったりするために、どのような問題を作ったのか、予想や仮説はどのようなものだったのか、どう考えたのかなどを壁面に張り、いつでも振り返ることができるようにしていました。また、友達の学びを参考にできるよう、子どもたちが描いた植物や動物の観察カードを掲示して、優れたところを赤ペンなどで紹介しました。こうしておけば、学級全体の観察の技能を高めることができます。安全指導にかかわる内容も大切なことなので、指導した内容は画用紙に書いて掲示していました。

壁面掲示には、教科以外でも効果的な活用方法があります。わたしは一年生がひらがなを学習して初めて自分の名前を書いたものをとっておき、一年間学習を積み重ねた後で、同じように自分の名前を書いたものと並べて掲示して、自分の成長を感じ、学習することの大切さを実感できるようにしていました。保護者がこうした掲示物を見て、わが子の成長がよくわかったと喜ばれたこともあります。掲示の仕方ひとつで、保護者の担任への信頼を高めることができるのです。

また、子どもたちは、年度初めや学期初めは、学習や係活動に期待や希望をもっています。それを短冊に書いて掲示して、初心を忘れないようにしました。学期の途中でも新たに挑戦してみたいことがあれば追記させて、よりよい係活動に取り組もうとする子どもたちの意欲を高めたこともあります。校内で気になる掲示物があれば、そこの担任や担当の教員からどのように指導したか話を聞いてみましょう。

5 研修と校内体制

教員が指導技術を磨く研修の仕方

公立学校の教員は、校長の承認により、勤務時間内に自身の指導力を向上させるための研修を受けることが法的に認められています。この間、コロナ禍で多くの研究授業が中止になりましたが、普段は数多く公開されていますので、参観の機会はたくさんあります。「百聞は一見にしかず」と言われるように、研究授業を参観することは教員の指導力、授業力を向上させるいい機会です。そこで、研究授業を参観して授業力を向上させたいと承認を求めてくる教員には、次のようなアドバイスをします。

研究授業を参観するときは、まず事前の準備を十分にしておくことが必要です。

自分が担任している学級の自習体制をしっかりとります。また同学年の先生に合同授業をしてもらう場合は、子どもたちに「これから先生は出張に行ってきます。○○先生がみなさんの指導をしてくれます。『なんていい学級なんだ』と思ってもらえるよう行動できるとすばらしいですね」と話しておくのもいいでしょう。代わりをお願いした先生に後でお礼を言うのは当然の礼儀です。

そのうえで、五分前には研究授業の会場に着いていることが望ましいでしょう。廊下の掲示物を見て取り入れられるものがないかをチェックしたり、授業前に授業者がどのような声かけをして、子どもたちのモチベーションを高めているのかを見たりしておくことも大切です。

次に授業を見るときの立ち位置についてです。

できれば子どもたちの表情が見える教室の横から参観するとよいでしょう。後ろからだと授業者は表情も含めてよく見えますが、子どもたちの表情や反応がわかりにくいからです。横からだと授業者の発問や身振り手振りもよく見えますし、子どもたちがどのような表情で授業者の説明や発問を聴いているかもわかります。子どもたちが集中して聴いているときは、授業者がどのような説明や発問をしているのかをチェックすると、自分の授業でも活用できます。

授業開始前には配られた指導案をチェックします。授業中に指導案をじっくり読んでいると、せっかくの授業を見ることがおろそかになってしまいます。ていねいに読むのは後にして、指導案でまずチェックするのは、「今日の授業の見どころ」です。ここは授業者が参観者にぜひ見てもらいたいと工夫したところです。しっかり目を通し、授業者の意図を理解します。

次に「ねらい（目標）」を見て、子どもたちにどのようなことを身につけさせようとしているのかを頭に入れておきます。さらに、単元の一時間目の授業でなければ、これまでどのように授業が進んできたのかを念頭に置いて、どのように本時の導入をするのか、どのように展開するのか、最後にどのように「ねらい」を「評価」するのかをすばやく見ます。

授業が始まったら、授業者の話し方、声の大きさ、話す速さ、間の取り方などに気をつけて見ます。授業者が子どもたち一人ひとりに考えさせる場面で、どのくらい時間を取って、どのような指示を出しているか、机間指導をしているとき、どのような声かけをして何をチェックしているかなども着目するポイントです。子どもたちがグループで話し合いをしたり活動したりしていて騒然としているときに、授業者が自分の話に集中させたい場合はどのようにするのかも注視しておきたいところです。

教科によって研究を積み重ねてきた指導法には、おのおの特性があります。たとえば理科では、問題解決の過程を重視した学習を研究授業でおこなうことが多いです。これは、自然の事物・現象から子どもたちが問題を見つけ、観察、実験を通して自ら解決していくという学習です。研究授業を見る前に詳しい先生からレクチャーを受けたり、書籍で調べたりしておくと、授業の展開や意図することが、より理解しやすくなります。

せっかく時間をつくって研究授業を見るのですから、教員にはたくさんのことを身につけて授業力を向上させてもらいたいものです。「いい学校」をつくる強力な戦力になってもらうために、校長はこれらのようなヒントを伝えることが大事です。

校内体制——子どもが楽しいと思うことを考える「主任、主幹会議」

以前から学校は「鍋蓋組織《なべぶた》」と言われてきました。校長、教頭という管理職と、あとは横並びの教員という形が、鍋蓋のように見えたからです。現在は鍋蓋組織の課題を解決するために、校長、副校長／教頭、主幹教諭、指導教諭、主任教諭、教諭というように職を分けて構造化し、組織を機能しやすくしています。

わたしは、その組織構造を活用して「主任、主幹会議」を計画しました。主任教諭や主幹教諭に「管理職予備軍」として学校づくりに主体的に取り組む自覚をもってもらいたかったからです。

年度初めに主任教諭が子どものためにやってみたいことを一人一企画考えます。その企画を主任教諭は「主任、主幹会議」で、主幹教諭と校長、副校長にプレゼンします。企画した内容は基本的に実施することを前提に、会議では主幹教諭と校長、副校長は、実施するにあたり、考えられる障壁を主任教諭に質問していきます。障壁の内容を聞いて、主任教諭は自分で無理だと思って取り下げることもあります。主任教諭の説明で障壁が解決できると判断すれば実行します。このようにして「主任、主幹会議」で提案し実施した例を紹介します。

【わたしの体験】

ある主任教諭から夏休みに「サマースクール」を実施したいという企画が提案されました。提案内容は、夏休みに教員が子どものために自分の得意な分野で一人一講座おこなうというものです。算数が得意なら「算数教室」、音楽が得意なら「アンサンブル教室」、理科が得意なら「理科実験教室」といった具合です。

説明を聞いたあと、わたしと副校長、主幹教諭は、「子どもの人数制限はどうしますか」「理科の実験教室は四〇人分しか机といすがありませんが、それ以上希望者がいたらどうしますか」「子どもに持って帰らせる教材は集金するのですか」などの質問をしました。

「人数制限をして、希望人数が多い場合は夏休み前にくじ引きさせます」「講座の回数を増やすという選択肢もあります」「使った教材は自分のものになるので、講座の前に集金します」など、主任教諭が解決案を示すことができたので、サマースクールを実施することを決定しました。

こうして開催されたサマースクールは、子どもにも保護者にも大好評でした。ほかの先生方にも主任教諭の熱意が伝わり、教職員全員が成功に向けて協力してくれたのもうれしい出来事でし

PTAの広報誌で紹介されたサマースクール「大人の理科教室」

上野にある国立西洋美術館へ行きました。感じたことを話しながらたくさんの発見ができました。
して暑い中でもいい汗を流しました。
SUMMER SCHOOL 2017
サマースクール
今年の夏休みもたくさんの子供たちがサマースクールに参加しました。24もある講座はどれも魅力的でした。講師は葛飾小の先生や保護者や地域の方が担当してくださいました。
大人の理科教室
講師は校長先生！金属の燃え方、炎色反応に歓声をあげて驚いていました。

た。わたしも得意の理科で「理科実験教室」をおこない、子どもたちと楽しい時間を過ごすことができました。

子どもたちが家庭で「すごく楽しかった」と話し、親子の会話が弾んだそうです。そして、なんと次年度は保護者の要望で、保護者が仕事を終えて帰宅した夜に「大人の理科教室」をおこなって好評を博す、というオマケまでつきました。

その後、毎年、年度初めになると、主任教諭から子どもたちのためになる工夫を凝らした企画案が出されるなど、学校づくりへの積極的な姿勢を見せてくれるようになりました。

第四章　教師の生活指導力を高める

子どもたちにとって、担任がだれになるかは大きな関心事です。管理職はだれが担任になっても子どもたち全員が力を伸ばし楽しく学校生活を送れるように、さまざまな条件を考えながら担任を配置しています。

たとえば新年度、新一年生を担任することになったり、新しい学年を担任することになったりした教員は、新たな気持ちで子どもたちに向かいます。しかし、新年度も持ち上がりで引き続き同じ子どもたちを担任すると、子どもも教員もうれしさがある反面、マンネリになってしまうこともあります。加えて、同学年の先生方や子どもとの相性も重要な要素のひとつです。そうしたことを考慮に入れながら、校長は担任を決めているのです。

各学年の特徴に合わせた指導

新一年生の担任であれば、入学した子どもたちに「小学校は楽しいところ」と思ってもらえるように気を使いますし、早く小学校に慣れて多くのことを学んでもらえるような見通しをもった指導をするための準備も大変です。

高学年担任なら卒業をめざして、子どもたちにいい思い出をたくさん作ってもらえるように指導します。そして中学校へ進学しても困らないように、しっかり学力を高めて卒業させようと力を注ぎます。また、高学年の子どもたちは、学校行事や委員会、クラブなどでも、リーダーになることが増えていきます。担当の教員に負担をかけず、上手に下学年の子どもたちの面倒をみるように指導しなければなりません。

それに比べて、中学年は何もないと思う教員や保護者がいます。しかし、中学年の指導で高学年になったときの学力が決まると言われるくらい大事な学年なのです。そのことを十分わかって子どもたちを指導する必要があります。大切な中学年を中だるみにならないように担任を配置するのも、「いい学校」をつくるために大切なことです。

持ち上がりの学級を任命したとき、心がまえとして話すこと

持ち上がりの学級を担任する教員には、次のようなことを意識するよう話します。

一つ学年が上がったことを意識して目標を上げるようにすること。子どもとの関係が馴れ合いになってしまいがちなので、学年が上がったことをチャンスととらえて新たな気持ちをもたせること。指導の仕方を大きく変えたいときは「みなさんは学年が一つ上がり、お兄さん、お姉さんになったので、先生も昨年度までのやりかたと大きく変えていきます。これまでのやりかたでは

なく新しい一歩を踏み出す気持ちでがんばりましょう」などと宣言して指導を始めること。そして、これまで学級経営で気になっていたが改善できなかったことを、新年度を迎えた機会に一気に変えていくチャンスだと考えるといいことなどを伝えます。

低学年の学級を任命したとき、心がまえとして話すこと

「小学校でがんばる」と希望と期待をもって入学してくる新一年生。幼稚園や保育園では年長として、いろいろなことを任されて仕事をしてきたはずです。しかし入学してくると最年少学年として先生も上級生も面倒をみてくれます。幼稚園や保育園の先生方が学校見学に来て、入学した子どもたちが手厚く面倒をみてもらっている姿を見ると、「自分たちでやらせれば、できる子どもたちですよ」と言います。低学年は、学校全体で面倒をみるものと思ってしまいがちですが、子どもたちの力を信じて任せてみることも必要です。もちろん、幼稚園や保育園と小学校とは、違うところがたくさんあります。はじめは小学校でのきまりや勉強の仕方など、ていねいに指導していく必要があることは言うまでもありません。

低学年の子どもは、自分のことを見てもらいたいものです。ですから、すぐ教師のところに話しに来ます。どの子も満足するようにするには、子どもの話をよく聴いて一人ひとりを認め、全体に話をするときも一人ひとりの目を見て、語りかけるように話します。

そのようにすると説明が終わってから、子どもが「先生、何をするのですか」と、いま説明し

たことを聞きにくることはなくなります。低学年の子どもの特性として、「活動しながら考える」ということがあります（学年が上がると「考えてから、説明を聞いてから、活動する」ようになります）。そこで説明は短めにして、まず活動させます。一度にたくさんのことを説明しても理解できないので、ひとつのことが定着してから次のことを指導します。結果的にそのほうが早く定着させることができます。

教員には「低学年でしっかり指導した子は高学年になっても規範意識の高い子になっています。大事な低学年です。共にいい学校をつくるためによろしくお願いします」と校長の思いも伝えます。

中学年の学級を任命したとき、心がまえとして話すこと

中学年はギャングエイジと言われる発達段階なので、学級が荒れてしまうことが少なからずあります。担任になったら、初めに学級のルールを徹底することが重要です。

たとえば、「先生や友達の話を聞くときは、静かに最後まで聞く」「発言するときは、フリートークでなければ、しっかり手を挙げて学級全体にわかりやすく話をする」「授業の準備をきちんとしてから休み時間にする」「暴力や友達を傷つけるような言葉は絶対に使わない」などです。これらは継続して指導を続けなければ効果は表れません。定着するまでしっかり指導する必要があります。

保護者は子どもが中学年になると、低学年ほど手をかけなくなりがちです。たとえば、忘れ物をしないように指導するのであれば、「連絡帳に明日の持ち物と宿題を書きます。家に帰って準備ができたものからランドセルに入れます。そのとき、ランドセルに入れたものを連絡帳の持ち物欄のところにチェックしましょう。明日、先生がすべての持ち物と宿題にチェックが入っているかを確認します」など、具体的な手立てを説明します。最初は一人ひとりをチェックすることが煩わしいと感じたとしても、定着すればその必要はなくなります。初めは手をかけてあげることが大切です。

また、「これまで、おうちの人に持ち物の準備を手伝ってもらっていた人は、お兄さんお姉さんになったのだから自分で準備をして、おうちの人をびっくりさせましょう」などと、子どもたちに成長を意識させる指導もあります。教員には「中学年でしっかり指導していくと高学年になって学校を代表するようないい子どもたちに育ちます。ここががんばりどころです。共にいい学校をつくりあげましょう」と校長の思いも伝えます。

高学年の学級を任命したとき、心がまえとして話すこと

高学年の指導で大事にしたいことは、どの学年にも共通することが少なくありません。ここでは「とくに高学年で」ということでまとめました。

一つめは、「声かけ」です。中学年の子どもは教師主導で指導しても、ついてきてくれます。

「やるぞ～」と言えば、「おぉ～」という声が返ってきます。ところが高学年の子どもは自我が育ってきていますので、単純に気分を乗せるのが難しくなっています。「なぜ、それをやる必要があるのか」を必ず説明するようにします。ほめ方についても高学年の子どもには「○○さん、いいね」だけでなく、「○○さんは、掃除の仕方がていねいですね。おかげで教室がピカピカです」のように具体的にほめると納得し喜びます。それは自分のことをよく見てくれているという、教師への信頼にもつながります。どの学年でも基本ですが、すべての子どもをしっかり見てあげましょう。

二つめは、「かかわりあい」です。低学年や中学年の子どもは「先生、先生」と寄ってくることが多いです。しかし、高学年の子どもは、友達との関係が中心になってきます。とはいえ、教師が子どもとのかかわりを、おろそかにしてはいけません。考え方や意識が大人に近づいてきて、斜に構える子どもも出てくる時期ですが、積極的に専科の授業を見にいったり、休み時間に一緒に遊んだり、給食の班の輪の中に入って一緒に食べたり、掃除を一緒にしたりすることが大切です。高学年だからと過度に気を使ったり、放っておこうとしたりしては、かえって気持ちが離れてしまいます。つねにかかわっていれば、子どもも心を開きます。

反抗的な態度をとる子どもには、いろいろな場面で人間関係を築いていくようにします。できたときにはしっかりほめたり、間違えたときやできないときには「次はできるよ」とか「○○したらできるようになるよ」など前向きな声かけをしたりしながら、信頼関係を深めていくといいでしょう。

　また、男女の仲が良いことを誇りに思えるようにすることも重要です。そのためには、仲良く活動している場面はしっかりほめたり、そのような場面を学級通信などで紹介したりする方法もあります。学習の中に男女混合のグループ活動を取り入れ、話しをする機会を増やしていくのも有効です。

　三つめは、「グループ化への対応」です。高学年になると、担任が頭を悩ませるグループ化やグループ内での仲間外しなどの問題が起こることがあります。

　低学年、中学年は「いじめ、暴力、仲間外しは、絶対に許さない」と教師が言うだけでも通じますが、高学年の子どもには、それだけでは通じないことが少なくありません。教師が見ているときはいい顔をしているのに、休み時間や放課後、下校中などで、教師の前では見せない別の顔になることがあります。ふだん何でもないのに、ちょっとしたトラブルが引き金で仲間外しにつながることもあります。そうした子どもたちの細かい変化に気づき、情報を集めることも高学年の教師にとっては大切です。

　そのために、担任は子どもたちの学習や人間関係に関する「不安の芽」に気づけるような手立てをもつようにします。一人ひとりの子どもと日記の交換をしたり、休み時間に一緒に遊んだり、「めざせ一〇〇点　クラスの仲の良さアンケート」と題し、クラスの仲の良さを点数で表させ、その理由を問うたりする方法も実態把握として効果的です。

アンテナをつねに張って、グループ内でトラブルが起きた場合、周りの子どもたちや保護者からも情報を集め、早期に対処することが大切です。問題があるのなら互いに不満を吐き出させて、今後どのように付き合っていくか、どう接していくかを話し合わせて納得させます。教師と子どもが一対一でじっくり話し合ったあと、該当者を全員集め、何が問題で今後はどうしていったらよいかを話し合わせたり、学級全体で問題を解決したりするというやりかたも場合によってはあります。しっかり話を聴いて事実を整理し、子どもの気持ちに寄り添い解決していくようにしていきます。

四つめは、「筋の通った指導」です。「だめなものはだめ」という毅然とした姿勢が大切です。「ここまでは許容するが、そこから先は許さない」というラインを明確にしていると子どもも迷わずにすむので教師を信頼します。ラインが時によってぶれてしまっては子どもも迷いますし、教師に対する信頼もなくなります。また、感情で怒ると子どもの気持ちは離れてしまいます。善悪の区別がつく年齢なので、冷静に諭すほうが有効です。

五つめは、「すべての子どもに活躍の機会を」です。学級全体を見回し、年間を通して、だれにどこでスポットを当てて起用するのか考えることも重要です。同じ子どもにばかりスポットが当たると周りの子どもや保護者は学校が信頼できなくなります。適材適所を見極め、意欲を大切にして、時には事前に話し合ったり、やる気を確認したりして子どもが輝ける場を作ることが大切です。どの子にも自信をもたせることで互いに認め合う場ができ、それが子ども同士や教師と信頼しあうことへつながります。

また、卒業を意識させて学級をまとめていく雰囲気づくりも大切です。「先生は、最高のクラスとして卒業式の日を迎えたいと思っています。みんなにとって最高のクラスとはどんなクラスですか」と問いかけると、子どもたちはいろいろな考えを出しますが、一緒に考えることにより「みんなで協力しよう」という気持ちが芽生えてきます。教員には「高学年がしっかりしていると、下学年がお手本にするので、さらにいい学校になります。共につくりあげていきましょう」と校長の思いも伝えます。

子どもたちのいい面を見てほめる

子どもたちの中には、自分に自信をもっている子と、あまり自信がない子がいます。自信がある子は前向きで明るく、よく発言し、失敗してもくじけないことが多いです。そして、失敗したときには、なぜ失敗したのか考えさせると同じ失敗を繰り返すことが少ないです。さらに、しっかりできているところを認めることで、どんどん力を伸ばします。しかし、そんな「できる子」でも失敗が続いたり、教師が「この子はがんばってほしいところを注意し、改善点を伝えるだけで伸びるだろう」と考え、ほめなかったりすると自信を失いつぶれてしまうことがあります。これは低・中学年は言うに及ばず、高学年でも同じです。

あまり自分に自信がもてず目立たない子（目立たないようにしている子）には、自信をもたせる

「ほめられるとうれしい」子どもたちの声

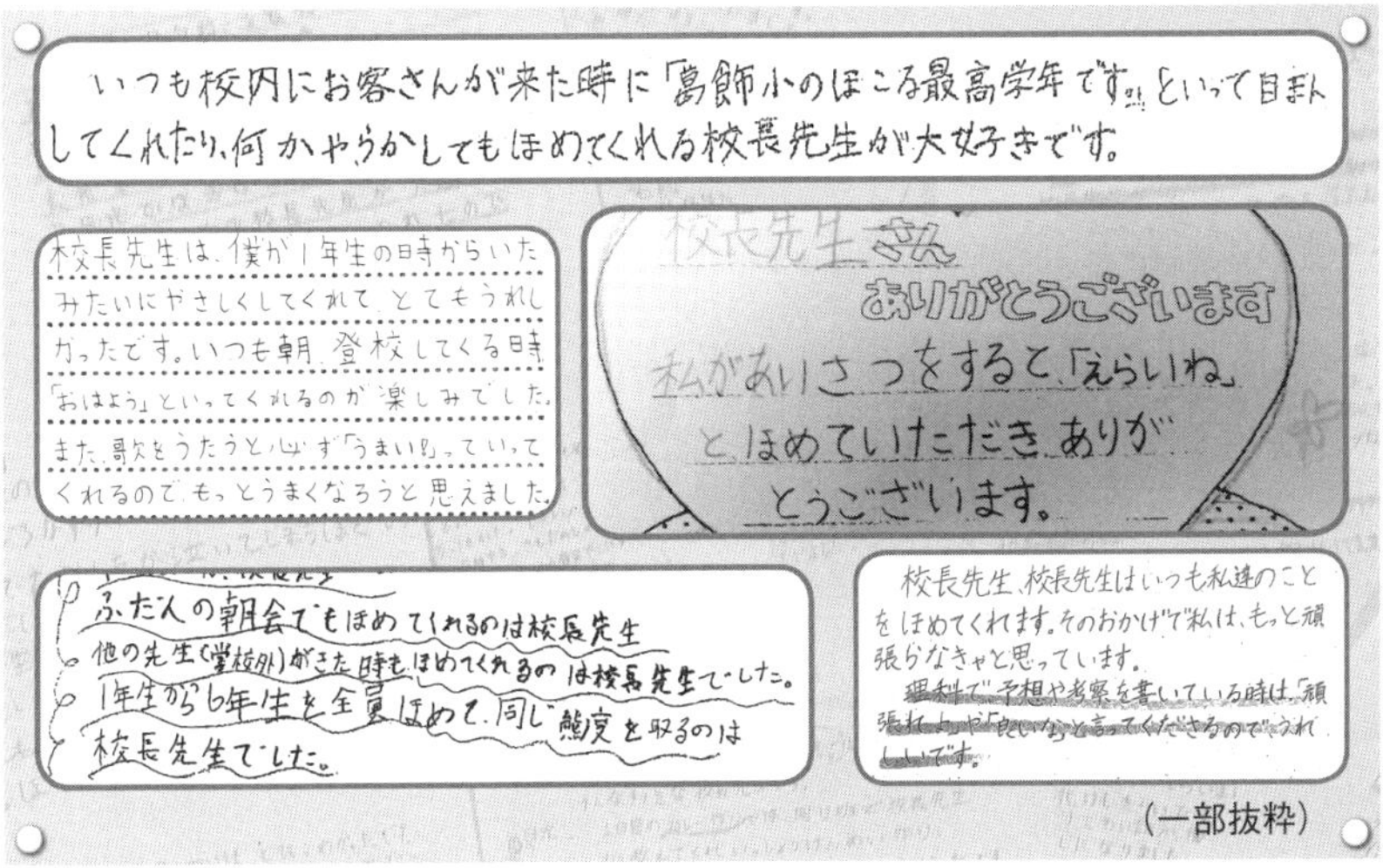

(一部抜粋)

必要があります。一番効果的なのは、いいところをほめることです。かといって、「何でもいいからほめる」というのでは心に響きません。子どもをよく見て、何をほめたら心に響き、うれしい気持ちになり、自信がもてるのかを見極めてほめる必要があります。前にも記しましたが、とくに高学年になれば、「なにが・どうよかったのか」具体的にほめないと納得しないものです。

【わたしの体験】

わたしは教師になってはじめて一年生を担任したとき、うれしくて、これまで以上にいい学級をつくろうと張り切っていました。そして、子どもたちが登校してから下校するまで、気になることをすべて注意していました。

朝、下駄箱を見て靴の入れ方について注意し、教室ではランドセルのロッカーへの入れ方について注意し、朝遊びにいく前には一時間目の授業の準備を机の上に出しておくように注意するというように、一日中注意しました。なかなか定着しないので、毎日毎日同じ注意をしました。それでも定着しないので先輩の先生に悩みを相談すると、「子どもたちを、いっぺんにたくさんできるようにしようと思ってもうまくいきませんよ。一つずつ積み上げたらどうですか。義務教育は九年もあるのですから」と教えていただきました。

そこで、はじめは下駄箱の靴の入れ方だけを中心に指導しました。三日くらい言い続けるとしっかり定着します。次にランドセルの整理の仕方……というように一つ一つていねいに指導していくと、たくさんのことを一度に指導するより定着が早いことに気づきました。そのことから、低学年はとくに「急がば回れ」だと肝に銘じるようになりました。

第五章　保護者から信頼される学校とは

保護者にとっては、わが子が楽しそうに学校に通っているかどうかが、最も気になることだと言っても過言ではありません。子どもが「学校が楽しい」「授業が楽しい」「授業がわかりやすい」と話せば、「いい学校」だと信頼感が増します。

教職員はだれもが子どもが楽しく通える学校にしようと努力しています。同時に、保護者から信頼される教職員でありたいとも願っています。しかし連絡帳や保護者アンケートを見ると、残念ながら批判的な意見が書かれていることもあります。どのようにすれば、保護者の信頼を得ていくことができるのでしょうか。

家庭で子どもが楽しそうに学校の話をする

保護者にとって、わが子が楽しそうに通っている学校が「いい学校」だと述べました。子どもたちが家庭で楽しく学校の話をするためには、子どもたちが学校生活に満足している必要があります。

子どもは学校生活の中で、できなかったことができるようになったり、わからなかったことがわかるようになったりすると満足します。これは教員の学習指導の力です。また、友達と仲良くできたり学級が居心地のよいところであったりすることも満足につながります。これは教員の生活指導の力です。

繰り返し述べますが、子どもたちにわかりやすい授業をする中で、できなかったことをできるようにし、また、道徳で規範意識を育て、特別活動で望ましい学級集団をつくり、生活指導で基本的な生活習慣が身につくようにしていきます。こうして居心地のよい学校生活を送り、満足感が得られれば、子どもたちは家庭で学校の話をたくさんしたくなるのです。

管理職は、教員に子どものがんばりやよかったことなどを週案に書いたり、校長室に伝えにきたりしてほしいと伝えます。一部の子に偏らず、少しずつでよいので、すべての子どものことを教えてほしいと話しておきます。校内巡回や休み時間のとき、いい面を教えてもらった子どもを、たくさんほめます。子どもはふだん接することが少ない管理職からほめられるとうれしくなりますし、それを伝えた教員のことも信頼するようになります。うれしいことは自然と子どもの口から保護者にも伝わります。教員には、このようにしてみんなで「いい学校」をつくっていこうと伝えます。

PTA の広報誌

共に子どもを育てようという意識が学校と共有されると PTA の広報活動も活発になる。どれもカラー印刷の力作

わかりやすい授業で、子どもたちが集中している

授業参観のとき、保護者にわかりやすい授業をしていると感じてもらうには、普段から教材研究をしっかりおこない、子どもたちにとって楽しい授業をすることが基本です。そして、子どもたちが集中して、しっかり授業に参加するには、教師の説明を聞くだけの単調な授業ではなく、作業や活動を取り入れ、子どもたちが主体的に動くような工夫をするとよいことは前にも述べました。

授業参観だからといって普段と違うことをすると子どもたちはとまどってしまい、かえってうまくいきません。普段から一緒に遊ぶなどして子どもたちの様子をよく見て児童理解に努めていると、保護者が見ている場面で子どもたちが教師を助けてくれることもあります。もちろん、基本は学級経営がしっかりしているところを見てもらい、保護者に信頼してもらうことが大事です。

先生に相談すると真摯に対応してくれる

子どもや保護者が困っているとき、「先生に相談すれば真摯に対応してくれる」と思ってもらうには、どうしたらよいでしょうか。子どもの相談でも保護者の相談でも、相手の立場に立って話を聴き、できるだけ力になれるように努力していくことが大切です。子どもが暗い顔をしていたり、普段と違う様子だったりしたら、教師のほうから、「どうしたの」と声をかけるようにしたいものです。

保護者から長い手紙や電話で相談がくる場合もあります。そうしたときは、保護者がＳＯＳを発信しているという気持ちで話を聴くことで信頼を得られます。そして、子どもの状況については、保護者に「現在このように指導しています」と進捗状況をこまめに説明して、安心してもらうようにしましょう。そのことが共に子どもを育てているという信頼感にもつながります。

もちろん、担任は状況を学年主任や管理職につねに報告しアドバイスを受けるなど、一人で抱えこまないようにします。管理職は教員が何でも相談できるような、温かい同僚性を感じられる学校の雰囲気をつくっていくことが大切です。

つねに学校や学級の様子がよくわかる

学校の様子を発信するには、「学校だより」「学年だより」「学級通信」「ホームページ」「学校公開」「各行事」などがあります。

その中でも、担任が子どもたちの様子を知らせる有効な手段が「学級通信」です。

保護者に学級の様子がよくわかるようにするためには、教員が積極的に子どもたちの様子を発信していく必要があります。どんなに担任が子どもたちは家庭で学校の話をするだろうと期待しても、ほとんど話をしない子どももいます。そこで、学級通信を活用して子どもたちのがんばっている様子をどんどん保護者に知らせていくのです。

保護者は、日ごろわからないわが子の姿や友達の様子がわかると、「先生はよく子どもたちを見てくれている」と安心し、学級の様子が家庭の話題にのぼるようになります。「学級通信」は、保護者の信頼を得るための強力な武器になるのです（学級通信の書き方については、拙著『さぁ、学級通信をつくろう』（日本標準刊）などを参考にしてください）。

【わたしの体験】

六年生の二泊三日の修学旅行では、二日目の夜になると子どもたちの疲れがたまって自己中心的な行動が見られ、トラブルが多くなりがちです。そこで、毎年わたしは担任や引率の先生方に子どもたちの部屋をこまめに見にいくようにと話していました。

ある年、いつもと同じように、夜の休憩時間に子どもたちの部屋を見にいくよう先生方に伝え、わたしも男子の部屋へ行きました。

いつもなら「校長先生、ウノをやりますか」とか「トランプしませんか」とか声をかけてくる子どもたちが、この日は「校長先生、ぼくたちは九時過ぎには布団を敷いてちゃんと寝ますから、お風呂に行っても大丈夫ですよ」と口をそろえます。おかしいと思い周りを見回すと、子どもたちはみんな家に出すはがきを書いたり検温したりしています。一人ぼっちの子がいるわけでもなく、トラブルもなさそうなので職員の部屋に戻りました。

女子の部屋を見にいった女性の先生方も、「子どもたちが、『お風呂にでも行ってください。わたしたちは大丈夫です』と言うので戻ってきました」と怪訝そうな様子です。

釈然としないものの、「それではお風呂に行ってひと休みするか」と言うと、担任は「わたしたちは子どもたちが何かしでかすと困るので、廊下で様子を見ています。校長先生と引率の先生方はお風呂に行ってきてください」とまだ心配そうな様子なので、担任を残しわたしたちは風呂でゆっくりさせてもらいました。風呂から戻り様子を聞くと「とくに騒いでいる様子もなく大丈夫でした」と言うので部屋をのぞいてみると、確かに約束どおり布団を敷いて、もう寝息を立てていました。

翌日、前夜のことも忘れ、何事もなく修学旅行が終わろうとしていた帰りのバスの中のことです。

マイクを手にした代表委員の子どもが、「校長先生、先生方、三日間わたしたちを見守ってくださり、本当にありがとうございました。おかげさまで楽しい思い出がたくさんできました。お礼にみんなで昨夜お手紙を書きました。受け取ってください」と言って、持ちきれないくらいのはがきやメモの束を渡してくれました。

昨夜、わざわざわたしたちを風呂に行かせて書いてくれたのかとわかり、うれしいサプライズに先生方とわたしは思わず顔を見合わせました。わたしたちの様子を見ていた子どもたちから歓声がわき起こり、バスの中に笑顔があふれました。

帰校式のため迎えに来た保護者にこのエピソードを話すと、わが子の成長を感じとって、涙を流して聞いている方もいました。その後も卒業するまで、何度となくこの子どもたちは優しい心遣いを見せてくれ、そのつど一つ一つ保護者に伝えると、子どもたちも保護者も大喜びしてくれました。

子どもたちの心を育てるために、こうした心温まるエピソードを学校公開や保護者会、おたよりなどで保護者に伝えることも「いい学校」をつくる一つの方法です。教師が子どもたちのいい行動を素直に喜び保護者に紹介すると、子どもたちの優しい気持ちはどんどん育ちます。保護者も子どもの育つ姿を見て学校をさらに信頼し、いっそう協力してくれるようになります。こうして、保護者といっしょに「いい学校」をつくっていくことができるのです。

子どもたちが修学旅行先で書いた「お礼の手紙」

（一部抜粋）

第六章　地域から信頼される学校とは

子どもたちが地域の方にきちんとあいさつすると、地域の方も子どもたちに親しみをもってくれるようになります。買い物の行き帰りや庭で植物の水やりなどをしているときも、子どもたちのことを気にかけ、安全を見守ってくれます。地域と共に子どもを育て、「いい学校」をつくることが大事です。

地域の方にきちんとあいさつする子を育てる

子どもたちが地域の方にきちんとあいさつするように指導するには、あいさつができていないことを注意するより、児童朝会などで、きちんとあいさつをしている子どものことを全体の前でほめるほうが有効です。注意されると逆にやる気がなくなり、ますますあいさつしなくなる子どもも、友達がほめられている姿を見ると、自分もほめられたくてあいさつするようになるものです。

子どもたちが地域の方にあいさつをするようになったら、次は「大きな声で元気よくあいさつする」「止まって、目を見てあいさつする」というように、同じことばかり指導するのではなく、少しずつレベルを上げ、子どもたちを成長させていきます。地域の方も「子どもたちが、よくあいさつをするいい学校ですね」とほめてくれるようになります。

こうした地域の声を「学校だより」で紹介することで、保護者も学校を信頼するようになります。子どもたちのがんばっている姿をいろいろな場面で広く紹介し、たくさんの人に知ってもらうようにします。それが子どもたちの自信にもつながり、さらに子どもたちの生き生きした姿が保護者や地域の方へも伝わっていくという波及効果が生まれます。

【わたしの体験】

わたしが校長をしていたある学校での出来事です。年度当初から学校経営方針についてていねいに説明し、教職員全体で理解を深めていました。学校経営方針の中の「周りの人を気遣い、優しく親切な行動をする子どもを育てる」とは具体的にどういう子どもの姿なのかについても話し合い、先生方はそのことを意識して指導を積み重ねていました。

ある日のことです。買い物帰りのおばあさんが買い物袋を落としてしまい、中のものが散らばってしまったということがありました。リンゴなどは、遠くまでコロコロ転がっていきます。おばあさんが慌てて拾い集めようとしたそのとき、下校途中の子どもたちがわーっと走り寄ってきて、あっという間にみんなで落ちたものを拾っておばあさんに渡してくれたそうです。それが

祭りで率先して太鼓をたたく子どもたち

地域行事で金管を披露する子どもたち

うれしくて、おばあさんはわざわざそのことを学校へ伝えに来てくれました。しばらく後に町会長さんも、「町会のおばあさんが、子どもたちに助けてもらった」とお礼を言いに来校しました。

その後、町会の方々は、前にも増して学校に協力的になってくれ、「やさしい子どもたちがいる、いい学校だ」と周囲に話してくれたおかげで、学校の評判がぐんとよくなりました。それまで在校する子どもが少なくなっていたのに、その年を境に入学者数が増えるようになったくらいです。

地域の方が学校を誇りに思い、学校の評判がよくなると、子どもたちもその期待に応えようとするようになります。教員も「周りの人を気遣い、優しく親切な行動をする」という学校経営方針をお飾りにせず、こうあってほしいと願う子どもの姿を描きながら、しっかり指導していくようになります。

地域行事に参加する

町会には、さまざまな行事があります。「盆踊り」「秋祭り」「子ども会の諸行事」「餅つき」などです。担任から子どもたちには安全に気をつけて町会の行事に参加するよう指導してもらいます。そして、わたしは教員にも「行事で子どもたちが活躍している姿を見にいきましょう」と誘います。

町会の行事は休日に行われ、勤務時間外なので無理には誘えませんが、一緒に行った教員から、「○○さんはやぐらの上で、あんなに上手に太鼓をたたくのですね。学校ではおとなしいのに、生き生きと太鼓をたたく姿が見られてよかったです。わたしは、まだあの子のいい面を引き出していないことに気づきました」、「あんなに上手に太鼓がたたけるようになるまで町会で指導してくれるのですね。町会の方に感謝しなければ」と、新たな発見や気づきを聞かされることがありました。

学校と違う姿が見られるのは子どもだけではありません。じつは教員も同じです。保護者や地域の方々が学校で見るのとは違う教員の姿にふれ、いっそう親しみをおぼえてもらえるよさもあるのです。

おわりに

わたしは、担任から校長、そして現在の職に就くまで、たくさんの学校や子どもたちを見てきました。そして「いい学校」は、「玄関を入ったときの雰囲気でわかる」ことに気づきました。

まず、下駄箱に子どもたちの靴がきれいに揃えて入っています。子どもたちが明るく元気にあいさつしてきます。廊下や階段にゴミがなく清掃が行き届いています。どの教室も静かに授業をしながら、時に楽しそうな笑い声が聞こえ、活気があります。きれいな歌声が聞こえてくることもあります。先生方も明るくあいさつしてくれます。玄関を入り、廊下を少し歩いただけで、学校の雰囲気がいいことがわかるのです。そうした学校は子どもたちが楽しく通えていて、不登校やいじめがないのです。

子どもたちが「学校が楽しい」「明日も早く学校へ行きたい」と笑顔で話し、教職員は、子どもたちが楽しく学校生活を送れるようにと知恵を絞ることに生きがいを感じ、保護者は「自分もこんな学校に通いたかった」「安心して子どもを通わせることができる」と信頼してくれ、地域の方には「子どもたちが笑顔であいさつしてくれるので、登下校のときに見守りするのが楽しみ」「学校を自慢できるのがうれしい」と誇りに思ってもらえる……。そんな学校をつくることができれば、「教育にかかわる仕事をしていて本当によかった」と思えるのではないでしょうか。

そのような学校をつくることは無理なことではありません。「当たり前」のことを、少し丁寧に行うだけで学校は劇的に変わります。

――「いい学校」とは、どのような学校なのだろう。子どもたちにとって、教職員にとって、保護者にとって、地域の方にとって、それぞれ立場の違いはあっても、それらを越えてどのように考えたらいいのだろう。そして、「いい学校」をつくるためには具体的にどのように実践していったらいいのだろう……。

「いい学校」をつくりたいが、どのようにしたらいいのかわからない、課題が多く、何から手をつけたらいいのかわからないなど、「いい学校」をつくろうと奮闘している管理職や教職員のみなさんのヒントになればと願ってこの本を書きました。

最後になりますが、わたしが校長をしている学校へ来られ、「学校全体が明るく活気に満ち、落ち着いて学習している」「子どもたちがアカペラで歓迎してくれた」と感動され、本書の出版を勧めてくれた日本標準の郷田栄樹さん、矢田恵理子さん、横山浩司さんに感謝します。

みんなで、「いい学校」をつくり、たくさんの子どもたちが笑顔で楽しい学校生活を送れることを願っています。

二〇二二年二月

浅井正秀

●著者紹介
浅井正秀（あさい まさひで）

東京都葛飾区教育委員会学校経営アドバイザー
1977年に東京都内で小学校教諭として入職、大田区立小学校の教頭を経て、葛飾区立細田小学校、住吉小学校、葛飾小学校の三校で校長を務める。専門は理科教育、全国小学校理科研究協議会理事、副会長、東京都小学校理科教育研究会研究部長、副会長などを歴任。おもな著書に『今の授業にプラスα理科』『さあ、学級通信をつくろう』（共に編著、日本標準）など。教科書『たのしい理科』（大日本図書）執筆者。

日本標準ブックレット No.25
みんなで「いい学校」をつくろうよ。
―学校・家庭・地域で子どもを伸ばす「学校の当たり前」―

2022年 3 月 30 日　第 1 刷発行

著　者　浅井正秀
発行者　河野晋三
発行所　株式会社 日本標準
〒167-0052　東京都杉並区南荻窪3-31-18
Tel 03-3334-2640［編集］03-3334-2620［営業］
http://www.nipponhyojun.co.jp/
印刷・製本　株式会社 リーブルテック

ISBN 978-4-8208-0716-2

＊乱丁・落丁の場合はお取り替えいたします。
＊定価は表紙に表示してあります。

「日本標準ブックレット」の刊行にあたって

日本国憲法がめざす理想の実現は、根本において教育の力に待つべきものとして教育基本法が制定され、戦後日本の教育ははじまりました。以来、教育制度、教育行政や学校、教師、子どもたちの姿など、教育の状況は幾多の変遷を経ながら現在に至っていますが、その中にあって、日々、目の前の子どもたちと向き合いながら積み重ねてきた全国の教師たちの実践が、次の時代を担う子どもたちの健やかな成長を助け、学力を保障しえてきたことは言うまでもないことです。

しかし今、学校と教師を取り巻く環境は、教育の状況を越えて日本社会それ自体の状況の変化の中で大きく揺れています。教育の現場で発生するさまざまな問題は、広く社会の関心事にもなるようになりました。競争社会と格差社会への著しい傾斜は、家庭や地域社会の教育力の低下をもたらしています。学校教育や教師への要望はさらに強まり、向けられるまなざしは厳しく、求められる役割はますます重くなってきているようです。そして、教師の世代交代という大きな波は、教育実践の継承が重要な課題になってきていることを示しています。

このような認識のもと、日本標準ブックレットをスタートさせることになりました。今を生きる教師に投げかけられている教育の課題は多種多様です。これらの課題について、時代の変化に伴う新しいテーマと、いつの時代にあっても確実に継承しておきたい普遍的なテーマを、教育に関心を持つ方々にわかりやすく提示しようというものです。このことによって教師にとってはこれからの道筋をつける手助けになることを目的としています。

このブックレットが、読者のみなさまにとって意義のある役割を果たせることを願ってやみません。

二〇〇六年三月　日本標準ブックレット編集室